Skills and Techniques for Reading French

SKILLS
and
TECHNIQUES

for Reading FRENCH

LOUISE C. SEIBERT, Ph.D.

Professor of French

Goucher College

LESTER G. CROCKER, Ph.D.

Chairman, Department of Modern Languages

Goucher College

Baltimore: THE JOHNS HOPKINS PRESS

© 1958 by The Johns Hopkins Press, Baltimore 18, Md.

Distributed in Great Britain by Oxford University Press, London

Printed in the United States of America by
H. Wolff Book Manufacturing Company, New York

Second printing, 1960
Third printing, 1961

Foreword

This book is not another reader, but rather a reading manual, new in its approach, tested and tried in the classroom. It aims to give systematic training in the skills and techniques necessary for reading French—skills that are not taught by any of the usual readers. In fact, it evolved from the need to complete—and sometimes to remedy—the training in reading which is given in the fundamental courses in French. Too few students, in these courses, reach a level at which they can read with ease and enjoyment, or work readily on practical texts, such as current French periodicals, newspapers, or journals in their fields of special interest.

We have always felt that the remedy does not lie in the usual procedure of giving the student more reading to do, but rather in developing those skills and techniques which promote more efficient reading. In gathering the material for this book, we have assumed that the student has acquired a modest vocabulary, a rudimentary knowledge of grammar and of sentence structure, and some elements of pronunciation.

The book is divided into several parts. The first, and basic division is concerned with "Vocabulary building." In addition to sections on related words and extended word meanings, we have added an entirely original section dealing with the techniques of guessing word meaning through inference. These techniques, which have interested one of the writers for many years,[1] have been revised, systematized and shaped into a practical tool.

An equally systematic series of exercises on the understanding of the sentence follows the section on word meaning. A third section, using the skills acquired in the first two parts, tackles directly the problem of rapid reading. It includes training in quick comprehension of the main clause in a sentence, in understanding the interplay of different elements in a short paragraph, and in grasping clearly the central idea of a selection.

The final section deals with precise understanding, and is the culmination of all that has preceded. The selections for these exercises were chosen mainly for their general appeal and interest. They were taken from a variety of sources and authors in order to provide sufficiently diverse material to exercise and to test the ability to read a selection of average difficulty with understanding.

This manual can be used in many ways, and is adaptable to different situations, needs and teaching techniques. It is primarily designed, however, as an _auxiliary text,_ to accompany and supplement the regular language or grammar books used during the second year of College French. It is so planned that an assignment can be given to the student to be prepared outside of class without any further instructions on the part of the teacher. Abundant examples, explanations, discussions make this independent work feasible, easy at times, challenging at others, rewarding at all times. The rôle of the teacher will be mainly to provide the proper incentive and to record the student's progress.

Finally, the book is so flexible that it is fully adapted to the needs of a student, working entirely independently, who wishes to improve his reading.

We would like to thank the publishers who have given permission to reprint selections from the following works:

[1] Louise C. Seibert: "A Study of the Practice of Guessing Word Meanings from a Context," _Modern Language Journal,_ vol. xxix, April 1945, pp. 296–322.

The Dryden Press and Appleton-Century-Crofts for "Premières Vaccinations Antirabiques," from *Pasteur* by Eugène Lebert

Ginn and Co. for "Découverte du Canada par Jacques Cartier," from *Souvenirs Français en Amérique* by Hélène Fouré and Robert Fouré

Henry Holt & Co. for two selections, "Le Collège de France" and "Plaisirs d'un Parisien," from *Paris, Centre de Culture Intellectuelle* by Georges Matisse

Jonathan Cape, Ltd. for the passages from *Precious Bane* by Mary Webb

Librairie Larousse for "L'Expérience du Pendule de Foucault," from *Astronomie* by Rudaux and Vaucouleurs

Librairie Vuibert for "La Tragédie Grecque," from *Compositions Françaises* by Max Jasinski

The Macmillan Co. for "Un Saint Roi (Louis IX, 1226–1270)," from the *Histoire de Saint-Louis* of Joinville, appearing in *La France à travers les Siècles* by Gifford

The Odyssey Press for "Les Curie et l'Esprit Scientifique," from *Madame Curie* by Ève Curie

Les Presses Universitaires de la France for "La Chasse chez les Peuples Primitifs" from *Les Fonctions Mentales dans les Sociétés Inférieures* by L. Lévy-Bruhl and for a passage from *Le Rire* by Henri Bergson

The Ronald Press Co. for two selections from *Les Grandes Epoques Culturelles de la France* by M. Reboussin

The authors are especially indebted to the Goucher College students of French 9 who volunteered over a period of several years to serve as "guinea pigs." Their enthusiastic collaboration, shrewd criticisms and constructive suggestions have proved invaluable to us in bringing this manual to its final form.

L. C. S.
L. G. C.

Contents

Introduction

I. ON READING A FOREIGN LANGUAGE

Reading a foreign language [1] is or ought to be fundamentally like reading one's mother tongue. An Englishman, a German and a Frenchman, reading a book in their native languages, all go through the same mental processes in order to get the meaning of the printed page. The printed symbols are the only things that are essentially different. It follows therefore that after one has mastered the art of reading one's own tongue, an enormous mass of habits, patterns and mental processes can be transferred to the reading of a foreign language. It is our purpose to help the student make that transfer wherever possible.

Let us then consider what are the points where transfer can be expected, and where can it not take place.

There are several factors involved in the reading process. The following are the most important:

1. *A perceptual factor, which consists of the ability to see and recognize the printed sign on the page.*

This ability varies with the individual, and it should not be

[1] We are referring, of course, to languages of Western Europe.

taken for granted that everyone has acquired it to a satisfactory degree. Bad habits in eye movements, such as too frequent regressions, too long fixations, and short perceptual spans are often observed in students at college level. These defects will naturally be transferred in an aggravated form to the reading of a foreign language and prove to be a real handicap. It would therefore be wise for a student who shows some weakness in the mechanics of reading to take remedial work in English, before attempting to read a foreign language.

2. *The ability to recognize behind the printed sign the word for which it stands, with its meaning.*

In reading a foreign language we generally must first be able to recognize behind the new sign the familiar one for which it stands; "avoir" for instance stands for "to have." But the mere substitution of one printed sign for another is not sufficient; it must be accompanied by a rapid transfer of its thought content. For instance, at the sight of the printed mark "fire," a set of images, memories, feelings, experiences is recalled to our mind; this rapid, concentrated reminiscence of all our experiences with the *thing* called fire is called the meaning of the word. Now, if instead of the word "fire," we see the word "feu," we must be able to transfer directly and quickly to this new printed mark all *the thought content* that the word "fire" evolves in us, before "feu" has become a genuine word for us. Note that the middle step in the process "feu = *fire* = thought content" will disappear as our reading becomes more efficient and the sign "feu" becomes more and more familiar. In some cases the middle, or transitional step will never even occur, as when the meaning of a foreign word is apprehended directly from the context.

On the other hand, the substitution of an English word for a foreign one is of no help at all if the English word is devoid of any meaning to the reader. Such cases will be taken up later, when we discuss the subject of technical reading and the use of the dictionary.

3. The ability to see relationships between words so as to recognize the idea expressed in a sentence, and relationships between sentences so as to understand the different ideas expressed and to evaluate each properly.

We have learned in our mother tongue to understand such relationships as that of subject and object to the verb, subordinate clauses to the main clause, the function of pronouns, modifiers, etc. All this knowledge can be transferred readily to the reading of a foreign language *provided* the specific words or constructions which indicate these relationships are well known.

But, more important than mere grammatical relationships, is the fact that meaning in any language is derived from man's total experience with himself and with his environment. There is, therefore, behind the symbols in any language, a community of thought, feeling, experience, which is at the base of all linguistic communications. Peoples who enjoy the same kind of culture will largely share this experience in common. It is this fact that facilitates the learning of a foreign language, and that enables us to reach the thought behind the symbols, in the same way as the native reader does. It is this ability, which can be readily transferred from one language to another, that we shall try to train and develop.

4. The ability to organize one's thought according to the purpose for which the reading is done.

We do not always read in the same way and for the same purpose. It is wasteful to read everything equally carefully and slowly. Yet, little provision has been made hitherto to teach the student to read rapidly in French as he is taught to do in English. An important part of this manual will be devoted to such training. The reading matter has been organized in several sections, each with its definite purpose and techniques. While some will lend themselves to rapid reading, others will require slower but more precise understanding. All of them, however, will stress the fact that proper reading is *reading for meaning*.

II. ON WORD MEANINGS

Words, in any language, often have more than one meaning, and in order to understand the meaning of a word used in a sentence, the reader must constantly search for the *specific* sense which the word has in this particular instance and which is implied by the total situation described in the sentence. The word may even assume a meaning entirely new to him. In that case he must rely on the context to furnish him with some clue.

It is through the use of metaphors that the original meaning of a word is greatly extended. Metaphors pervade the language, especially the language of abstract thought. The dictionary lists those most constantly used but it cannot possibly give all; moreover new metaphors are constantly coined by writers and only analysis of the context will reveal their specific meaning in any one instance. Fortunately, the mental process which enables us to understand metaphors and other figures of speech, is the same in all languages.

The problem of discovering the meaning of an unknown word is not fundamentally different from that of discovering a new meaning for a known word. We do it constantly in our daily reading, for the meaning of a great number of words is acquired in this way; only we do it so naturally in our mother tongue, that we are scarcely aware of the mental process that takes place. If, however, we are to practice the same kind of meaning inference in a foreign tongue, we must thoroughly understand the conditions under which such a process takes place. The study and practice of these techniques will form an important part of our training for reading.

III. *UNDERSTANDING vs. TRANSLATING*

Understanding the meaning of a word or a sentence in a foreign tongue is one thing; translating it exactly into one's own language is something else. Although understanding is the first requisite for correct translation, it does not follow that accurate translation is the necessary proof of the apprehension of meaning. As a matter of fact, if one is to achieve proficiency in *reading* a foreign language, one must try to grasp the ideas directly from the text without making any attempt to use the mother tongue as an intermediary. The attitude of the reader is thus quite different from that of the translator. Understanding is all that is required of him, but the translator must go one *step further* and his task is infinitely more difficult and delicate, as the following illustrations will show.

Understanding vs. translating word meaning. It is a familiar experience for people who know another language well to find themselves sometimes at a loss when called upon to give immediately the exact translation of a word or an expression; therefore the inability to give an exact and immediate translation of a word or expression does not necessarily mean that it is not understood. Furthermore, while the meaning of a word or expression can sometimes be rendered in many different, though acceptable, ways, (the word *robinet* for instance could be replaced, insofar as meaning is concerned, by the words "tap," "faucet," "spigot," "cock," "key," or even by such an expression as "whatever it is that stops or opens the flow" of water, gas, etc.) a translator has no such choice; he must choose with great care the *one* word which renders the meaning most closely.

Understanding vs. translating figures of speech. In any language, some figures of speech have, through constant use, acquired a somewhat rigid form and become idiomatic expressions. The meaning of such expressions may often be readily understood from the context, although they cannot be translated literally. Again, while the translator needs to know their counterpart in the other language, the reader does not. Let us illustrate with a few examples:

1. Periphrases. In reading, it is often best not to try to replace a periphrase by another but rather by the thing itself. "L'astre au front d'argent" is the "moon" for the reader; the translator however must try to find another periphrase to match it, such as "the orb of night" or any other.

2. Comparisons. Those which have become trite through constant use are the ones which may give most trouble, for they cannot be translated literally. "Gai comme un **pinson**" becomes "gay as a lark," "bon comme le **pain**" is "good as **gold**," "propre comme un **sou neuf**" "clean as a **pin**;" but for reading purposes, it is quite sufficient to understand "very gay," "very good," "very clean."

3. Idiomatic expressions. Literal translations of idiomatic expressions have been a constant source of jokes, for the results can be very funny sometimes. The reader should strive to get the general meaning and make no attempt to translate literally. Consider, for example, the following idiomatic expression:

"L'éducation du petit roi fut très négligée, car la Reine-Régente avait en ce moment **d'autres chats à fouetter,** occupée qu'elle était à maintenir son autorité au-dedans et à faire la guerre au-dehors." The general meaning of the sentence is easy enough to understand: the Queen had so many things to do (or was so busy) that she did not have time to watch over the education of her son. For reading purposes, this casual way of rendering the meaning would be perfectly acceptable. However, should we want to go further and attempt to *translate* the expression "d'autres chats à fouetter" we would have to start from the *basic meaning* "other things to do" and find in English an idiomatic expression which renders that thought, for instance "other fish to fry."

From this brief discussion it should be perfectly plain that reading for meaning is quite different from reading for translation purposes; that if we want to attain real efficiency in reading we should try to get away from the translation habit, the word for word reading, in favor of reading whole sentences, even paragraphs, to get at the thought back of the words, and to rely on the context to help us understand the meaning of words.

Vocabulary Building

THE EXTENT OF OUR vocabulary plays a large part in our ability to read a foreign language. One way to increase such a vocabulary in French is through the study of cognates; another is by learning how new French words are formed with the addition of suffixes and prefixes to known roots; a third is through techniques of guessing the meaning of unknown words by drawing inferences from the context. We shall study and practice each of these techniques in turn.

When the Normans invaded England, they imposed their tongue on the natives. For two centuries, French remained the official language of the country. As a result, the English language of today contains many words of French origin. About two-fifths of the English vocabulary is derived from the French. Occasionally these words look exactly alike, but usually, due to changes in pronunciation, their spelling has been modified. Such words are called cognates, and with a little practice, they are easily recognized. They will prove a great help in reading, and the little time you will spend in practice will be very rewarding indeed. We shall deal first with cognates having the same meaning in both languages.

CHAPTER I

A Study of Cognates

A. COGNATES WITH SLIGHT DIFFERENCES IN SPELLING

Cognates which are alike in spelling and meaning present no problems, but many have changed slightly in passing from one tongue to another. Taking account of the slight variations in spelling, translate quickly the cognates in the following exercise:

1. Many French verbs ending in **er** have English cognates ending in **e**:

> amuser, admirer, arranger, assurer, comparer, continuer, encourager, examiner, diner, guider, imposer, obliger, placer, trembler, etc.

Others undergo another slight change in spelling:

> échanger, mesurer, échapper, annoncer, prouver, évoquer

2. Sometimes the ending **er** disappears in the English cognate:

> accepter, calmer, charmer, considérer, détester, présenter, résister, toucher, visiter, embarrasser, exister, préférer, etc.

3. French verbs ending in **iser** often have English cognates ending in **ize**:

> bâptiser, civiliser, analyser, familiariser, mobiliser, organiser, fraterniser, pasteuriser, socialiser, moraliser, etc.

4. Sometimes the ending **er** changes to **ate**:

> célébrer, irriter, dissiper, contempler, cultiver, humilier, modérer, méditer, inaugurer, séparer, etc.

5. The ending **quer** will often change into **cate**:

> suffoquer, indiquer, compliquer, abdiquer, impliquer, etc.

6. Some verbs ending in **ier** have cognates ending in **y**:

> vérifier, multiplier, crier, défier, marier (marry), etc.

7. Many verbs ending in **ir** have cognate forms ending in **ish**:

> accomplir, bannir, finir, polir, punir, chérir, périr, etc.

Others with a slight change in the stem:

> établir, fournir, nourrir, vernir

8. A number of French nouns ending in **é** have English cognates ending in **y**:

> anxiété, avidité, beauté, brutalité, curiosité, dignité, familiarité, identité, humidité, obscurité, responsabilité, etc.

9. Some adjectives in **eux** (feminine, **euse**) change this ending to **ous**:

> anxieux, curieux, dangereux, fameux, généreux, joyeux, précieux, glorieux, etc.

10. A number of adjectives in **el** (feminine, **elle**) have a cognate ending in **al**:

> éternel, intellectuel, maternel, officiel, paternel, réel, etc.

11. Some nouns ending in **eur** have English cognates ending in **or**:

> docteur, conducteur, odeur, terreur, directeur, facteur, ambassadeur, conspirateur, électeur, empereur, extérieur, inférieur

Note: the feminine of some of these words ends in French in **rice**:

> conductrice, directrice, ambassadrice, conspiratrice, impératrice

12. Many nouns ending in **ie** or **i** have English cognates ending in **y**:

> mélancolie, cérémonie, pharmacie, photographie, physionomie, etc.
> essai, emploi, délai, convoi, etc.

13. The spelling of **on** is often represented by **oun** in English:

> profond, fontaine, prononcer, annoncer, renoncer, fonder, etc.

14. Other words lose the final **e** in English:

> riche, robuste, stupide, soupe, signe, paire, branche, affaire, domaine, juste, plaine, adulte, calme, hutte (hut), etc.

15. Words ending in **ique** often end in **ic** in English:

> catholique, tonique, prognostique, authentique, république, comique, symbolique, etc.

16. A number of words ending in **re** have English **cognates** ending in **er:**

> centre, théâtre, tendre, lettre, mètre, novembre, offre, chambre, arbitre, propre, monstre, octobre, etc.

17. Words ending in **que, quer,** or **c, q,** may end in **k or ck** in English:

> brique, coq, craquer, marquer, remarque, bloquer, masque, barque, etc.

18. A circumflex accent in French often replaces an **s** which has remained in the English cognate:

> forêt, honnête, hôpital, arrêter, hâte, pâte, cloître, hôte, tempête, conquête, pâture, etc.

Other words with an additional slight change:

> châtier, bête, coûter, maître, fête, croûte, etc.

19. Words ending in **if** in French will often end in **ive** in English:

> attentif, décisif, destructif, respectif, instinctif, progressif, abusif, persuasif, oppressif, etc.

Note: the feminine of these words in French is like the English cognate:

> attentive, décisive, destructive, instinctive, etc.

20. In many English cognates the French sound **ai** becomes **ea:**

> apaiser, aigle, traiter, clair, saison, aisé (easy), paix (peace)

21. Initial **es** or **é** change frequently into **s** in English:

> espace, estomac, étudier, étrange, étranger, étable, étrangler

The following are a little more difficult:

> étude, esclave, Espagne, espèce, esquif, état, école

22. **Ch** is often replaced by a **c** in English, and **au** or **eau** by **el** or **al**:

> chat, chaudron, chapon, chameau, vaisseau
> cat, caldron, capon, camel, vessel

23. The prefix **dé** or **dés** in French often becomes **dis** in English:

> débander, décourager, dédain, déguiser, démembrer, démonter, déplacer, déplaire, déshonorer, désordre

24. The prefix **a** before **v** or **j** is often **ad** in English:

> avantage, aventure, avancer, ajuster, ajourner

Other cognates have undergone other changes: see if you can guess the meaning of the following:

Exercise 1

1. le chapitre 2. la poudre 3. le drame 4. la formule 5. un ancêtre 6. un assaut 7. une dette 8. un automne 9. bref 10. le règne 11. approcher 12. vulgaire 13. romain 14. une perle 15. le zèle 16. le marbre 17. le souverain 18. la combinaison 19. un ange 20. la délicatesse 21. loger 22. le logis 23. le destin 24. l'audace 25. monotone 26. barbare 27. le tabac 28. accoutumer 29. féroce 30. pittoresque 31. contemporain

B. COGNATES WITH SLIGHT DIFFERENCES IN MEANING

In some cases, although the French word has an English cognate, the latter has a synonym that is more commonly used, or else its meaning has become somewhat restricted. Read the following list of French words and their cognates and note that while the cognate is useful in guessing the meaning of the French word, there is a synonym in more general use in English.

French word	*Cognate*	*Usual word*
1. surgir	to surge	to rise, to swell
2. la colère	choler	anger
3. la vapeur	vapor	steam, mist, fumes
4. le cadavre	cadaver	corpse, body
5. un impôt	impost	tax, levy
6. sombre	somber	dark
7. un échec	check	defeat
8. la chemise	chemise	shirt
9. le cavalier	cavalier	horseman, **rider**
10. répondre	to respond	answer, reply
11. la mine	mien	air, look
12. quotidien	quotidian	daily
13. désolé	desolate	devastated, barren
14. le séjour	sojourn	stay
15. maladroit	maladroit	awkward
16. la prévision	prevision	foresight
17. le chagrin	chagrin	sorrow, grief
18. le chapelet	chaplet	rosary
19. la sentinelle	sentinel	sentry
20. le bourgeon	burgeon	bud, young **shoot**
21. le fourrage	forage	fodder
22. le voyage	voyage (by sea)	trip

Exercise 2

In the following exercise, give (a) the English cognate of the French word; (b) the synonym of more general use:

1. le sommet 2. énerver 3. le tribunal 4. retarder 5. un hommage 6. vanter 7. les cendres 8. prodigieux 9. effectuer 10. fabriquer 11. débris 12. feindre 13. sonore 14. piquant 15. rigoureux 16. l'équilibre 17. sinistre 18. muet 19. attester 20. la rancune 21. le vertige

C. *DECEPTIVE COGNATES*

A great number of cognates have practically the same meaning in English as in French. Yet we have already seen that some cognates are better translated by using a synonym instead of the cognate itself. In still other cases, the meanings of the two apparent "cognates" are so far apart, that one cannot ever be used for the other. These so-called "cognates" are termed "deceptive"—in French, *faux amis*—for they offer many pitfalls for the unwary. Go rapidly through the sample list given below in the following manner:

Hide everything but the words in column one, and try to guess the meaning of the words you do not know. When this is done, correct your mistakes by reading not only the translation of the word (given in the second column), but also the true French meaning of the deceptive English cognate (columns three and four). See how far apart the two meanings really are.

French word	Meaning	Deceptive cognate	French translation
1. blesser	to wound, to hurt	to bless	bénir
2. le coin	corner	the coin	pièce, monnaie

3.	la figure	face	the figure	la taille
4.	le front	forehead, brow	in front of	devant
5.	ignorer	not to know	to ignore	dédaigner
6.	dresser	train (animals)	to dress	s'habiller
7.	la phrase	sentence	a phrase	une locution
8.	la pièce	play, room, coin	a piece	un morceau
9.	rester	to stay, remain	to rest	se reposer
10.	le salon	parlor, living room	the saloon	cabaret, café
11.	tirer	to pull, to draw	to tire	fatiguer
12.	injure	wrong, insult	injury	blessure
13.	relier	to bind, connect	to rely	compter sur
14.	concur-rence	competition	concur-rence	l'assentiment
15.	le ressort	spring	resort	recours, ville d'eau
16.	parer	to adorn	to pare	peler
17.	sensible	sensitive	sensible	raisonnable, sensé
18.	le trouble	agitation, disturb-ance	trouble	le souci, le cha-grin, l'ennui
19.	la rente	income	the rent	le loyer
20.	filer	to spin, to run away	to file	limer, classer
21.	dévotion	piety, devoutness	devotion	dévouement
22.	avertir	to warn	to avert	détourner, empêcher

Note: Not all meanings of a "deceptive cognate" are deceptive. For example, *office* may mean "office," but more generally means, "function, religious service, pantry." Similarly, *esprit* means "spirit," but also "wit" and "mind."

Remarks:

Deceptive cognates, when used in sentences, are not likely to be as confusing as when they are seen alone. Once you have been warned about them, you can, by relying on the context and using a little common sense, guess their meaning quite correctly.

In the following sentences, some of the words given in the preceding list are used together. See how easy it is not to mistake their meaning:

1. La **pièce** de cinq francs tomba de sa poche et alla rouler dans un **coin** de la chambre.

2. Des **morceaux** de papier traînaient au milieu de la **pièce** qui servait de cuisine et de salle à manger.

3. Je voudrais bien que vous **restiez** ici avec moi pendant quelques jours; cela **vous reposerait**.

4. Il avait **dressé** son chien à marcher sur ses deux pattes de derrière, et l'avait **habillé** comme un petit garçon.

5. Il était d'une nature très **sensible**, un peu exaltée, tandis qu'elle était beaucoup plus **raisonnable**.

6. Il possédait plusieurs maisons dont le **loyer** lui faisait une petite **rente**, suffisante pour vivre.

7. Le prêtre passait parmi les **blessés** et les mourants sur le champ de bataille, et après avoir murmuré une prière, il les **bénissait**.

Exercise 3

Determine, in similar fashion, the meaning of the boldface deceptive cognates in the following sentences:

1. Il a suffi d'un **sot** qui a crié "au feu" pour s'amuser, pour que la **foule** ait été prise de panique.

2. Toute la **journée**, il n'a fait que de parler de ce long **voyage** qu'il allait faire aux Indes.

3. Attendez que j'aie **classé** ces papiers et nous **sortirons** ensemble.

4. Il faut beaucoup pratiquer la **lecture** à haute voix si l'on veut faire des **conférences**.

5. La **misère** du pauvre est souvent plus facile à endurer que le **tourment** moral du coupable.

6. J'ai commandé plusieurs livres à la **librairie** Hachette pour la **bibliothèque**.

7. Il avait **réussi** par ses flatteries à faire changer le testament en sa faveur et maintenant c'était lui qui allait **succéder** à son oncle.

Formation of French Words

A. WORD FAMILIES

Many French words are formed by **adding different prefixes
and suffixes** to a common root. These words, more or less related
to each other, form a word family. A careful study of the following word families will familiarize you with the process as well as
with the meaning of some of the most frequently used prefixes
and suffixes.

1. *Famille du mot* feuille

La partie de la plante ordinairement verte qui pousse sur les
branches est la **feuille**; l'ensemble de toutes les feuilles d'un arbre
s'appelle le **feuillage** et l'abri fourni par les branches garnies de
feuilles se nomme la **feuillée**. Un arbre qui a beaucoup de feuilles
est **feuillu** et quand il perd ses feuilles on dit qu'il se **défeuille**;
la poussée des feuilles au printemps se nomme la **feuillaison**.
Arracher les feuilles d'un arbre c'est l'**effeuiller**.

Un morceau de papier, mince et plat comme une feuille d'arbre
s'appelle **une feuille.** Tourner les feuilles d'un livre c'est le

feuilleter; un roman publié au bas de la feuille d'un journal est un **roman-feuilleton**.

Exercise 4

a. Feuillu veut dire "qui a des feuilles"; que veulent dire les mots suivants?

1. barbu   2. chevelu   3. poilu   4. pointu   5. cornu

b. Feuillage veut dire "une collection de feuilles"; que veulent dire les mots suivants?

1. branchage   2. cordage   3. plumage   4. bandage
5. herbage

c. Effeuiller veut dire "enlever les feuilles"; que veulent dire les mots suivants?

1. ébrancher   2. effruiter   3. écrémer   4. écorner
5. égrener

2. *Famille du mot* **terre**

Notre planète s'appelle la **Terre**; on appelle aussi **terre** la partie solide de sa surface par opposition à la mer. Les animaux qui vivent sur cette surface sont des animaux **terrestres**. Un certain espace de terre est un **terrain**. Les gens qui possèdent des terrains sont des propriétaires **terriens**. Une grande étendue de terre, dépendant d'une autorité ou juridiction s'appelle un **territoire** et ce qui concerne ce territoire est **territorial**.

Faire des travaux avec de la terre c'est faire des **terrassements**, ou encore des **terrasses**; l'ouvrier qui fait ces travaux est un **terrassier**. L'eau d'un ruisseau quand elle est chargée de terre est **terreuse**.

Un **terrier** est un trou creusé dans la terre par certains animaux pour s'y loger. Se réfugier dans un terrier c'est s'y **terrer**.

On dit d'un aéroplane ou d'un bateau qui touchent terre qu'ils **atterrissent** et cette opération s'appelle l'**atterrissage**.

Mettre les morts dans un trou creusé en terre c'est les **enterrer**, et la cérémonie s'appelle l'**enterrement**. Retirer de terre une chose enterrée c'est la **déterrer**.

Exercise 5

a. Terrien veut dire "qui se rapporte à la terre"; que veulent dire les mots suivants?

1. aérien 2. océanien 3. européen 4. collégien
5. chrétien

b. Un terrassier est celui qui travaille la terre; que veulent dire les mots suivants?

1. plombier 2. marbrier 3. verrier 4. plâtrier
5. pâtissier

c. Terreux veut dire "couvert ou plein de terre"; que veulent dire les mots suivants?

1. nuageux 2. neigeux 3. ténébreux 4. huileux
5. graisseux

d. Atterrir c'est "toucher la terre"; que veulent dire les mots suivants?

1. aborder 2. accoster 3. arriver 4. abuter 5. aboutir

e. Enterrer veut dire "mettre en terre"; que veulent dire les mots suivants?

1. embarquer 2. empocher 3. engouffrer 4. enregistrer
5. encaisser

3. *Famille du mot* **battre** (*bat*)

Frapper, donner des coups c'est **battre**; l'action de battre les blés pour en avoir le grain s'appelle le **battage** des blés et la machine qui fait ce battage est une **batteuse**.

Un bâton rond qui sert à battre le beurre s'appelle une **batte**; un objet de bois plat qui sert à battre le linge est un **battoir**. Une boule de métal suspendue à l'intérieur d'une cloche et qui frappe la cloche s'appelle le **battant**.

Renverser ou tuer à force de coups c'est **abattre**; celui qui abat est un **abatteur**; l'endroit où on abat les animaux se nomme un **abattoir** et on y fait l'**abatage** des animaux; tout ce qui peut être abattu à force de coups est **abattable**.

Se battre contre quelqu'un c'est le **combattre**; la lutte s'appelle un **combat** ou une **bataille**. Celui qui prend part au combat est un **combattant**; un certain nombre de combattants peut former un **bataillon**. Celui qui aime à se battre est **batailleur** et l'instinct qui porte à se battre est la **combativité**.

Lutter avec des mots au lieu de porter des coups pour résoudre une question c'est la **débattre** et la discussion s'appelle un **débat**.

Exercise 6

a. Le battoir est une chose qui sert à battre; que veulent dire les mots suivants?

　　1. rasoir　2. pressoir　3. fermoir　4. passoire　5. rôtissoire

b. Un abattoir est un endroit où l'on abat les animaux; que veulent dire les mots suivants?

　　1. dortoir　2. parloir　3. lavoir　4. observatoire　5. fumoir

c. Abattable est ce qui peut être abattu; que veulent dire les mots suivants?

   1. mangeable 2. acceptable 3. portable 4. supportable 5. faisable

d. Un homme batailleur aime à se battre; que veulent dire les mots suivants?

   1. querelleur 2. rieur 3. moqueur 4. travailleur 5. liseur

4. *Famille du mot* voir (*vis*)

Recevoir les images des objets par les yeux c'est **voir**; le sens qui nous permet de voir est la **vue**; un objet qui peut être vu est **visible**; s'il ne peut être vu, il est **invisible**. La faculté de voir est la **vision**.

La mémoire des choses vues s'appelle la mémoire **visuelle**; voir de nouveau un objet c'est le **revoir**. Examiner de nouveau une loi, une affaire pour les modifier, c'est les **réviser** et le nouvel examen qu'on en fait s'appelle une **révision**.

Une rencontre de plusieurs personnes qui se réunissent pour causer d'affaires est une **entrevue**.

Voir par avance qu'une chose doit arriver c'est la **prévoir**; celui qui prend des mesures pour l'avenir qu'il prévoit est **prévoyant**; il possède une qualité qu'on appelle la **prévoyance**; le contraire de la prévoyance est l'**imprévoyance**. Un évènement qui arrive lorsqu'on y pense le moins est **imprévu**.

Les choses que l'on amasse à l'avance parce que l'on prévoit qu'on en aura besoin s'appellent des **provisions**; se procurer des provisions c'est **s'approvisionner**; une grande quantité de provisions s'appelle un **approvisionnement**.

Exercise 7

a. Visuel est ce qui se rapporte à la vue; que veulent dire les
   mots suivants?

   1. mortel   2. charnel   3. annuel   4. habituel   5. éternel

b. La prévoyance est la qualité de celui qui prévoit; que veulent
   dire les mots suivants?

   1. obéissance   2. croyance   3. prudence   4. patience
   5. diligence

c. Ce qui n'est pas visible est invisible; que veulent dire les mots
   suivants?

   1. imprévu   2. inhumain   3. impossible   4. injuste
   5. inhabité

d. Prévoir veut dire voir à l'avance; que veulent dire les mots
   suivants?

   1. prédire   2. préméditer   3. préjuger   4. prédestiner
   5. prémunir

5. *Famille du mot* **courir** (*curr*)

   Aller avec vitesse c'est **courir**; l'homme qui court bien est un
bon **coureur**; une marche très rapide est une **course**; un beau
cheval qui court vite est un **coursier**. Des agents chargés de porter
des lettres d'une place à l'autre s'appelle des **courriers** et l'ensemble de ces lettres s'appelle le **courrier**.
   Courir vers un lieu c'est **accourir**; courir çà et là dans un pays
ou dans une ville, c'est **parcourir** le pays ou la ville. Lutter entre

plusieurs pour obtenir un prix ou un avantage c'est **concourir, la lutte** est un **concours** et chacun des rivaux est un **concurrent**. Rivaliser avec quelqu'un en affaires c'est lui faire de la **concurrence**.

Une chasse où l'on poursuit un animal à la course est une chasse à **courre** et les chiens que l'on emploie s'appellent chiens **courants**. Une personne qui lit rapidement lit **couramment**.

Le mouvement de l'eau dans une certaine direction s'appelle le **courant**; une rivière s'appelle aussi un **cours d'eau**; une monnaie qui circule légalement est une monnaie en **cours**; le mois dans lequel on est actuellement se nomme le mois **courant**.

Exercise 8

a. Un coureur veut dire celui qui court; que veulent dire les mots suivants?

　1. passeur　2. chasseur　3. laboureur　4. danseuse
　5. laveuse

b. Concourir c'est courir avec; que veulent dire les mots suivants?

　1. combattre　2. conjoindre　3. confédérer　4. cohabiter
　5. coopérer

c. Le courant c'est ce qui court; que veulent dire les mots suivants?

　1. le volant　2. le battant　3. le passant　4. le mendiant
　5. le fabricant

d. Couramment veut dire "currently"; traduisez en anglais:

　1. prudemment　2. intelligemment　3. constamment
　4. violemment　5. ardemment

6. *Famille du mot* **chair** (*char; car*)

La partie molle qui recouvre notre squelette est la **chair**; l'ensemble des chairs forme la **charnure**; un corps bien fourni de chair est **charnu**; ce qui se rapporte à la chair est **charnel**. Un corps très maigre, presque sans chair est **décharné**. L'homme qui vend de la viande (chair) cuite est un **charcutier** et sa boutique est une **charcuterie**.

Un massacre d'hommes ou d'animaux est un **carnage**; l'animal qui se nourrit exclusivement de chair est un animal **carnassier**; celui qui se nourrit en grande partie de chair est un animal **carnivore**. Une sorte de sac que les chasseurs emportent pour mettre les animaux qu'ils tuent est une **carnassière**.

La couleur de ce qui est rose comme la chair est **l'incarnat**. Donner une forme matérielle à ce qui n'en possède pas c'est **l'incarner**; et le résultat s'appelle **incarnation**. Lutter furieusement contre quelqu'un, comme si on s'attaquait à la chair même de son ennemi, c'est **s'acharner** contre lui et montrer de **l'acharnement**.

Exercise 9

a. L'ensemble des chairs forme la charnure; que veulent dire les mots suivants?

   1. chevelure   2. armure   3. voilure   4. membrure
   5. verdure

b. Un animal qui mange de la chair est carnivore; que veulent dire les mots suivants?

   1. omnivore   2. herbivore   3. insectivore   4. frugivore
   5. granivore

c. La charcuterie est la boutique du charcutier; que veulent dire les mots suivants?

1. boulangerie 2. laiterie 3. fruiterie 4. boucherie
5. épicerie

d. Décharné veut dire "qui n'a plus de chair"; que veulent dire les mots suivants?

1. désossé 2. déssalé 3. décoloré 4. déplumé
5. défeuillé

Exercice 10. Recapitulation

Underline in the following words the familiar root which may help you understand their meaning.

1. une allumette 2. accréditer 3. adossé 4. accroître 5. un apprenti 6. bénin 7. un trottoir 8. blondasse 9. un découpage 10. le cassage 11. une chaufferette 12. le détachement 13. la levure 14. le fermoir 15. l'éclaircissement 16. le blanchissage 17. la noblesse 18. une diablesse 19. une soupière 20. une drôlerie 21. une brassée 22. un richard 23. un éventail 24. le cordage 25. un échappement 26. un effondrement 27. s'ensabler 28. transborder 29. un malentendu 30. malaisé 31. impuissant 32. édenté 33. assouplir 34. un cordelier 35. un écriteau 36. un aileron 37. un lionceau 38. annuler 39. enjamber 40. assourdir

B. *RELATED VERBS*

Exercice 11

For the recognition of verb forms, it is important to see the relationship between a known verb and its different compounds, since they are generally conjugated the same way. Read the following list of compound verbs and underline the basic verb.

1. recueillir	31. maintenir	61. obtenir
2. abattre	32. surfaire	62. circonvenir
3. s'abstenir	33. interposer	63. conscrire
4. composer	34. entreprendre	64. conquérir
5. admettre	35. soutenir	65. repeindre
6. convenir	36. revenir	66. accueillir
7. contrefaire	37. défaire	67. débattre
8. opposer	38. coordonner	68. disposer
9. apporter	39. extraire	69. exporter
10. survenir	40. inscrire	70. transmettre
11. équivaloir	41. requérir	71. satisfaire
12. importer	42. adjoindre	72. détenir
13. entrevoir	43. combattre	73. accourir
14. dégeler	44. exposer	74. retenir
15. discourir	45. transporter	75. juxtaposer
16. proposer	46. contenir	76. s'ébattre
17. rabattre	47. soustraire	77. omettre
18. délier	48. proscrire	78. déporter
19. prévenir	49. conjoindre	79. revaloir
20. souscrire	50. survivre	80. transcrire
21. s'enquérir	51. se démettre	81. rejoindre
22. dépeindre	52. recomposer	82. compromettre
23. colporter	53. subordonner	83. emporter
24. prévoir	54. recourir	84. rejeter
25. advenir	55. dénouer	85. secourir
26. disjoindre	56. permettre	86. émettre
27. abstraire	57. apposer	87. devenir
28. entremettre	58. appartenir	88. décomposer
29. superposer	59. soumettre	89. mésallier
30. concourir	60. supposer	90. prédisposer

C. COMPOUND WORDS

In French, as in English, new words are sometimes created by combining two words and joining them by a hyphen. The meaning of such words can generally be inferred from their composition. Examples of such words are:

a. Those made of two nouns; **wagon-restaurant; timbre-poste.**
b. Or a noun and an adjective: **libre-échange; vif-argent.**
c. A verb and its predicate: **cure-dent; porte-monnaie.**
d. A noun and a preposition: **après-midi; sous-préfet.**
e. Two nouns with a preposition: **pot-au-feu; arc-en-ciel.**

Exercise 12

Try to find the meaning of the following compound words:

1. Servez-vous de ce **casse-noix** pour casser ces noisettes.

2. Avec la mort du père, la famille a perdu son **gagne-pain.**

3. Lorsque l'ennemi s'approchait, on relevait le **pont-levis** du château.

4. Cet homme ne peut ni entendre, ni parler: il est **sourd-muet.**

5. A six heures le **réveil-matin** l'a brusquement réveillée.

6. Laissés seuls, ils ont eu un sérieux entretien, en **tête-à-tête.**

7. Mettez ces provisions dans le **garde-manger.**

8. Deux ou trois messieurs étaient assis sur la **plate-forme** avec le maire.

9. Vous ne pourrez pas ouvrir cette bouteille de vin sans **tire-bouchon.**

10. Cette auberge est un véritable **coupe-gorge;** n'y allez pas.

CHAPTER III

Recognition of Verb Forms

A. DIFFICULT ENDINGS

The verb, considered as a word with a special meaning of its own, can be treated like any other part of speech and its meaning derived in much the same way. In fact, no attempt has been made to differentiate it from other words in our study of vocabulary.

However, verbs are peculiar in that they change with tense and person and the student must not only learn to recognize them under their various forms, but must also be able to reconstruct the infinitive form in order to find it in the dictionary if necessary. "Regular" verbs are relatively easy to identify since their stems do not alter throughout the conjugation. There are three so-called "regular" types of conjugation:

1. the **er** conjugation (**chanter**); (**-e, -es, -e, -ons, -ez, -ent**)
2. the **ir** conjugation consisting of verbs with their present participle in **issant** (**finir**); (**-s, -s, -t, -ssons, -ssez, -ssent**)
3. the **re** conjugation (**vendre**); (**-s, -s, -, -ons, -ez, -ent**)

Even in cases of regular verbs, some tenses used almost exclusively in literary style may cause difficulty, particularly the past definite and the imperfect subjunctive. We urge the student to familiarize himself thoroughly with the endings of these tenses. Since there are only four sets of endings for all verbs, regular and irregular, we list them all. Study them carefully:

Past Definite

Chanter			*Finir*	*Vouloir*	*Devenir*
Je	chant	ai	fin is	voul us	dev ins
Tu	chant	as	fin is	voul us	dev ins
Il	chant	a	fin it	voul ut	dev int
Nous	chant	âmes	fin îmes	voul ûmes	dev înmes
Vous	chant	âtes	fin îtes	voul ûtes	dev întes
Ils	chant	èrent	fin irent	voul urent	dev inrent

Imperfect Subjunctive

Que	je	chant	asse	fin isse	voul usse	dev insse
Que	tu	chant	asses	fin isses	voul usses	dev insses
Qu'	il	chant	ât	fin ît	voul ût	dev înt
Que nous		chant	assions	fin issions	voul ussions	dev inssions
Que vous		chant	assiez	fin issiez	voul ussiez	dev inssiez
Qu'	ils	chant	assent	fin issent	voul ussent	dev inssent

Note that even in irregular verbs the stem remains the same in both tenses, and the imperfect subjunctive may always be inferred from the past definite.

Exercise 13

In the following verbs, underline the endings particular to the tense:

1. nous répondîmes   2. il se corrigea   3. il s'endurcit   4. tu cuvas
5. vous mordîtes   6. je retins   7. qu'elle brûlât   8. que nous
puissions   9. que je liasse   10. que vous courbassiez   11. qu'il
écaillât   12. qu'elles missent   13. que nous vinssions   14. ils
vainquirent   15. elle fronça   16. elle se raidit   17. nous pliâmes
18. vous mêlâtes   19. que je vernisse   20. que nous criassions
21. vous courûtes   22. nous pûmes   23. elle fut   24. nous rîmes
25. je vins   26. nous crûmes   27. elles lurent   28. nous vécûmes
29. que tu disses   30. qu'elle répandît   31. qu'ils voulussent
32. que vous eussiez   33. il se tut   34. nous eûmes   35. elle
geignit   36. que nous sussions   37. que vous vissiez   38. qu'il fît
39. il sut   40. nous dûmes   41. que tu puisses   42. nous survînmes   43. vous vîtes   44. qu'ils retinssent   45. vous prîtes

B. *VERBS* TO HAVE *AND* TO BE

A thorough knowledge of *all* the tense forms of the verbs *to
have* and *to be* is of the utmost importance since these verbs are
used as auxiliaries. The student should study them thoroughly
until he is able to identify them.

Verb To Have, AVOIR

Present (I have)		*Past Indefinite* (I have had)			*Present Subjunctive* (I may have)		
j'	ai	j'	ai	eu	que	j'	aie
tu	as	tu	as	eu	que	tu	aies
il	a	il	a	eu	qu'	il	ait
nous	avons	nous	avons	eu	que	nous	ayons
vous	avez	vous	avez	eu	que	vous	ayez
ils	ont	ils	ont	eu	qu'	ils	aient

Imperfect (I was having, used to have, I had)		*Pluperfect* (I had had)			*Imperfect Subjunctive* (I might have)		
J'	avais	J'	avais	eu	que	j'	eusse
tu	avais	tu	avais	eu	que	tu	eusses
il	avait	il	avait	eu	qu'	il	eût
nous	avions	nous	avions	eu	que	nous	eussions
vous	aviez	vous	aviez	eu	que	vous	eussiez
ils	avaient	ils	avaient	eu	qu'	ils	eussent

Past Definite (I had)		*Past Anterior* (I had had)			*Perfect Subjunctive* (I may have had)			
J'	eus	j'	eus	eu	que	j'	aie	eu
tu	eus	tu	eus	eu	que	tu	aies	eu
il	eut	il	eut	eu	qu'	il	ait	eu
nous	eûmes	nous	eûmes	eu	que	nous	ayons	eu
vous	eûtes	vous	eûtes	eu	que	vous	ayez	eu
ils	eurent	ils	eurent	eu	qu'	ils	aient	eu

Future (I shall have)		*Future Perfect* (I shall have had)			*Pluperfect Subjunctive* (I might have had)			
j'	aurai	J'	aurai	eu	que	j'	eusse	eu
tu	auras	tu	auras	eu	que	tu	eusses	eu
il	aura	il	aura	eu	qu'	il	eût	eu
nous	aurons	nous	aurons	eu	que	nous	eussions	eu
vous	aurez	vous	aurez	eu	que	vous	eussiez	eu
ils	auront	ils	auront	eu	qu'	ils	eussent	eu

Conditional (I should have)		*Conditional Perfect* (I should have had)			*Imperative* (have) (let us have)
j'	aurais	j'	aurais	eu	aie, ayez ayons
tu	aurais	tu	aurais	eu	*Present Participle*
il	aurait	il	aurait	eu	(having) ayant
nous	aurions	nous	aurions	eu	
vous	auriez	vous	auriez	eu	*Perfect Participle*
ils	auraient	ils	auraient	eu	(having had) ayant eu

Verb To Be, **ÊTRE**

Present (I am)		*Past Indefinite* (I have been)			*Present Subjunctive* (I may be)		
je	suis	j'	ai	été	que	je	sois
tu	es	tu	as	été	que	tu	sois
il	est	il	a	été	qu'	il	soit
nous	sommes	nous	avons	été	que	nous	soyons
vous	êtes	vous	avez	été	que	vous	soyez
ils	sont	ils	ont	été	qu'	ils	soient

Imperfect (I was being, used to be, I was)		*Pluperfect* (I had been)			*Imperfect Subjunctive* (I might be)		
j'	étais	j'	avais	été	que	je	fusse
tu	étais	tu	avais	été	que	tu	fusses
il	était	il	avait	été	qu'	il	fût
nous	étions	nous	avions	été	que	nous	fussions
vous	étiez	vous	aviez	été	que	vous	fussiez
ils	étaient	ils	avaient	été	qu'	ils	fussent

Past Definite (I was)		*Past Anterior* (I had been)			*Perfect Subjunctive* (I may have been)			
je	fus	j'	eus	été	que j'	aie	été
tu	fus	tu	eus	été	que tu	aies	été
il	fut	il	eut	été	qu' il	ait	été
nous	fûmes	nous	eûmes	été	que nous	ayons	été
vous	fûtes	vous	eûtes	été	que vous	ayez	été
ils	furent	ils	eurent	été	qu' ils	aient	été

Future (I shall be)		*Future Perfect* (I shall have been)			*Pluperfect Subjunctive* (I might have been)		
je	serai	j'	aurai	été	que j'	eusse	été
tu	seras	tu	auras	été	que tu	eusses	été
il	sera	il	aura	été	qu' il	eût	été
nous	serons	nous	aurons	été	que nous	eussions	été
vous	serez	vous	aurez	été	que vous	eussiez	été
ils	seront	ils	auront	été	qu' ils	eussent	été

Conditional (I should be)		*Conditional Perfect* (I should have been)			*Imperative* (be) (Let us be)
Je	serais	j'	aurais	été	sois, soyez soyons
tu	serais	tu	aurais	été	
il	serait	il	aurait	été	
nous	serions	nous	aurions	été	
vous	seriez	vous	auriez	été	
ils	seraient	ils	auraient	été	

Present Participle
(being) étant

Perfect Participle
(having been) ayant été

C. A STUDY OF IRREGULAR VERB FORMS

The special difficulty presented by irregular verbs is due to the fact that their stems change with the different tenses as well as their endings. Fortunately, the most important irregular verbs, being common words, are probably familiar to students in one form or another. Moreover, related verbs generally follow the same pattern, so that acquaintance with one of a group make it possible to recognize the others. There are, in addition, groups of verbs, not necessarily related, which have similar conjugations, thus greatly facilitating their recognition. In the following study we are mainly concerned with the *recognition* not the *formation* of the various forms. It is therefore essential that the infinitive be readily recognized from the individual forms. The general procedure to follow when studying the examples is therefore to read once from the infinitive to the verb form, then back again from the verb form to the infinitive.

Present Indicative

Of all tenses, the Present Indicative is the most irregular because the *stem* changes according to the *number* of the subject. We must therefore study the forms assumed by the stem first in the singular, then in the plural.

Present Indicative (Singular)

1. Verbs ending in **er**

Verbs ending in **er** except **aller** and **envoyer** are all "regular." However, in some cases, the stem undergoes a slight change whenever it is stressed. The most important variations occur in verbs ending in **ayer, oyer, uyer**. In these verbs, the y is replaced by **i** in front of a mute **e**:

payer: je paie   employer: j' emploie   essuyer: j' essuie
      ils paient   ils emploient   ils essuient

In other verbs ending in **eler, eter, ever, eser**, etc., the stem takes an accent or doubles the consonant when stressed:

geler: je gèle   jeter: je jette   appeler: j' appelle
     ils gèlent   ils jettent   ils appellent

Verbs ending in **cer** or **ger** undergo a slight change in order to preserve the soft **c** and **g**:

commencer: je commence   manger: je mange
      nous commençons   nous mangeons

These particularities are probably familiar to you for the verbs you know well. But suppose you found in your reading some unknown verb; could you reconstruct the infinitive in order to find it in the dictionary? Try with these:

Exercise 14

What is the infinitive form of the following verb forms?

1. nous jaugeons 2. on nivelle 3. ils appuient 4. ils baient
5. ils s'ennuient 6. elle étincelle 7. ils essaient 8. ils ondoient
9. on attelle 10. ils nettoient 11. nous essangeons 12. il se
dévoie 13. nous balançons 14. je feuillette 15. ils s'égaient
16. on furette 17. elles balaient 18. tu projettes 19. on défraie
20. ils raient 21. on grève 22. on étaie 23. tu pèses 24. nous
grugeons 25. ils aboient 26. nous lançons 27. il crève

2. Verbs ending in **ir**

a. In the following verbs and their compounds, the ending **ir** is replaced by **e**:

souffr **ir**: je souffre	offr **ir**: j'offre	cueill **ir**: je cueille
couvr **ir**: je couvre	ouvr **ir**: j'ouvre	tressaill **ir**: je tressaille

b. Many verbs ending with the syllable **tir, vir, mir**, replace that syllable by **s** if it is preceded by a consonant; if preceded by a vowel, **ir** only is replaced by **s**; thus the verb form is much shorter than the infinitive:

dor **mir**: je dors	sen **tir**: je sens	cour **ir**: je cours
ser **vir**: je sers	par **tir**: je pars	vêt **ir**: je vêts
sor **tir**: je sors	men **tir**: je mens	

c. Other irregularities:

tenir: je tiens	mourir: je meurs	fuir: je fuis
venir: je viens	bouillir: je bous	haïr: je hais
acquérir: j'acquiers		

3. Verbs ending in **oir**

a. All verbs ending in **evoir** replace that ending by **ois**:

d **evoir**: je dois	aperc **evoir**: j'aperçois
déc **evoir**: je déçois	rec **evoir**: je reçois
perc **evoir**: je perçois	

b. Some verbs change their stem:

1. from **ou** to **eu(ui)**:	2. from **al** to **au**:
pouvoir: je peux (puis)	valoir: je vaux
vouloir: je veux	falloir: il faut
mouvoir: je meus	

c. Other irregularities:

voir: je vois   asseoir: j'assieds (j'assois)
savoir: je sais   pleuvoir: il pleut

4. Verbs ending in **re**

The last syllable of the infinitive is generally replaced by **s**

ri **re:** je ris	fai **re:** je fais	rédui **re:** je réduis
li **re:** je lis	croi **re:** je crois	exclu **re:** j'exclus
di **re:** je dis	lui **re:** je luis	plai **re:** je plais

crain **dre:** je crains	bat **tre:** je bats	croî **tre:** je croîs
join **dre:** je joins	met **tre:** je mets	paraî **tre:** je parais
pein **dre:** je peins	sui **vre:** je suis	connaî **tre:** je connais
dissou **dre:** je dissous	vi **vre:** je vis	

Exercise 15

Find the infinitive of the following verb forms, keeping in mind that compound verbs will generally follow the same pattern as the simple verb:

1. je recueille   2. il adjoint   3. tu conçois   4. j'élis   5. il suffit
6. elle s'endort   7. tu reviens   8. il acquiert   9. je déçois   10. elle défait   11. il décroît   12. elle se revêt   13. il accourt   14. tu aperçois   15. j'éteins   16. il repart   17. tu recouvres   18. je hais
19. tu poursuis   20. elle maudit   21. il accueille   22. je conviens
23. elle découd   24. je conclus   25. elle bout   26. tu surviens
27. il conquiert   28. je me tais   29. elle méconnaît   30. il retient
31. il peut   32. tu contrains   33. je ressens   34. elle se meut
35. tu prévois   36. elle détient   37. il assaille   38. il résout
39. je ceins   40. il s'enfuit   41. elle meurt   42. je mens   43. il pleut   44. elle s'assied   45. je pourvois   46. il requiert   47. elle

détruit 48. il absout 49. elle nuit 50. je contrefais 51. tu
feins 52. on reluit 53. il accroît 54. je puis 55. il faut
56. elle soutient 57. je démens

Present Indicative (Plural)

Barring a few exceptions, the *general* trend is as follows:

a. The stem remains the same for the three persons plural, and
for most of the verbs (except those ending in **re**), it is the same as
that of the infinitive.

b. The irregularities which occur in the third person are
mostly due to the fact that the ending being mute, the stem must
bear the stress. If it is a weak stem, it undergoes a change and
reverts to its strong form which is generally the same as that of
the first person singular.

c. Four verbs have a second person ending in **tes:**

être: vous êtes	dire: vous dites
faire: vous faites	redire: vous redites

d. Four verbs end in **ont** in the third person plural:

être: ils sont	faire: ils font
avoir: ils ont	aller: ils vont

1. Verbs ending in **ir**

a. The infinitive ending **ir** is replaced by the regular endings
of the present tense:

ouvr **ir**: nous ouvrons	serv **ir**: nous servons
cour **ir**: nous courons	sort **ir**: nous sortons
dorm **ir**: nous dormons	part **ir**: nous partons
vêt **ir**: nous vêtons	ment **ir**: nous mentons

b. Verbs whose stem changes in the third person plural:

ten **ir**: ils tiennent   acquér **ir**: ils acquièrent
ven **ir**: ils viennent   mour **ir**: ils meurent

2. Verbs ending in **oir**

a. Verbs which replace **oir** by the regular ending of the present tense:

val **oir**: nous valons
sav **oir**: nous savons

b. Verbs whose stem changes in the third person plural:

dev **oir**: ils doivent   voul **oir**: ils veulent
recev **oir**: ils reçoivent   pouv **oir**: ils peuvent
apercev **oir**: ils aperçoivent   mouv **oir**: ils meuvent

c. Other irregularities

voir: nous voyons   asseoir: nous asseyons
     ils voient   ils asseyent (assoient)

3. Verbs ending in **re**

a. All verbs ending in **eindre, aindre, oindre** change that ending into **eignons, aignons, oignons**:

cr **aindre**: nous craignons   p **eindre**: nous peignons
pl **aindre**: nous plaignons   f **eindre**: nous feignons
  j **oindre**: nous joignons

b. Most of the other verbs change **re** into either **ons** or **sons**:

suiv **re**: nous suivons   viv **re**: nous vivons
mett **re**: nous mettons   batt **re**: nous battons
ri **re**: nous rions   exclu **re**: nous excluons

li **re**: nous lisons   lui **re**: nous luisons
di **re**: nous disons   condui **re**: nous conduisons
plai **re**: nous plaisons   détrui **re**: nous détruisons

c. If the last syllable **tre** is preceded by an **î** the ending becomes **ssons**:

connaî **tre**: nous connaissons
paraî **tre**: nous paraissons
croî **tre**: nous croissons

d. Verbs ending in **oudre** change their stem into **olv**:

abs **oudre**: nous absolvons
diss **oudre**: nous dissolvons
rés **oudre**: nous résolvons

e. Other irregularities (not already mentioned):

croire: nous croyons   coudre: nous cousons
ils croient   écrire: nous écrivons

traire: nous trayons   vaincre: nous vainquons
ils traient   moudre: nous moulons

boire: nous buvons   prendre: nous prenons
ils boivent   ils prennent

Exercise 16

Can you find the infinitive of the following verb forms which either follow a characteristic pattern or are compounds of verbs you already know?
Note: the most difficult forms will be those with the endings **eignons, aignons, oignons,** (infinitive endings **eindre, aindre, oindre**).

1. vous mentez 2. elles éteignent 3. ils s'éprennent 4. nous comprenons 5. vous enfreignez 6. ils plaisent 7. nous extrayons 8. ils aperçoivent 9. nous introduisons 10. vous parvenez 11. nous mordons 12. vous réduisez 13. nous recousons 14. ils proviennent 15. nous confondons 16. vous croyez 17. ils ceignent 18. elles renaissent 19. vous rabattez 20. ils s'entretiennent 21. nous promettons 22. vous prescrivez 23. nous élisons 24. ils enjoignent 25. vous prenez 26. ils teignent 27. vous interdisez 28. ils reçoivent 29. vous méconnaissez 30. vous vous endormez 31. ils boivent 32. elles geignent 33. ils se compromettent 34. nous rejoignons 35. vous prévoyez 36. nous répondons 37. elles tressaillent 38. vous prédisez 39. elles se plaignent 40. vous redites 41. ils meurent 42. nous nous enfuyons 43. elles se réjouissent 44. vous haïssez 45. nous nous dévêtons 46. ils accourent 47. elles se méprennent 48. nous mouvons 49. ils font 50. ils reconquièrent

Imperfect

This tense offers no special difficulty for reading since its stem is the same as that of the first person plural of the present indicative (except for the verb to be).

Examples:

nous allons	nous venons	nous craignons	nous buvons
j'allais	je venais	je craignais	je buvais

Compound Tenses

All compound tenses are formed with the past participle and either the auxiliary **avoir** or **être**. A great number of past participles are easily identified because they look either like the infinitive (**dormir, dormi**) or some form of the present indicative (**il dit, dit; il fait, fait; il plaint, plaint**).

However there are a few difficult cases which must be studied carefully:

1. All verbs in **evoir** replace that ending by **u** and have a much shorter form:

d **evoir**	rec **evoir**	aperc **evoir**	conc **evoir**	déc **evoir**
d **û**	reç **u**	aperç **u**	conç **u**	déç **u**

2. Quite a few past participles consist only of two or three letters and as such are difficult to identify. Here are the most important; you should know most of these.

bu (boire)	eu (avoir)	dû (devoir)	pu (pouvoir)
tu (taire)	vu (voir)	lu (lire)	ri (rire)
cru (croire)	crû (croître)	plu (plaire)	plu (pleuvoir)
été (être)	ému (émouvoir)	mis (mettre)	su (savoir)
né (naître)	mû (mouvoir)		

3. The following past participles are quite different from other forms of the verb. How many do you know?

assis (asseoir)	offert (offrir)	cousu (coudre)
vécu (vivre)	couvert (couvrir)	acquis (acquérir)
mort (mourir)	ouvert (ouvrir)	
paru (paraître)	souffert (souffrir)	

Compounds formed with these verbs generally assume similar forms.

Exercise 17

Try to find the infinitive of the following verb forms:

1. vous avez perçu   2. il s'est tu   3. vous avez cru   4. ils ont eu

5. vous avez vécu 6. ils ont prévu 7. j'ai relu 8. il a dû
9. elles ont plu 10. j'ai su 11. il a plu (2 meanings) 12. il s'est
mû 13. j'ai su 14. il est né 15. il est mort 16. j'ai ému
17. ils ont recouvert 18. nous nous sommes épris 19. elle a
souffert 20. elle a déçu 21. j'ai décousu 22. ils ont conquis
23. vous avez bu 24. tu as été 25. nous avons pu 26. elles ont
souri 27. vous avez promis 28. il a conçu 29. on a joint 30. ils
ont perçu 31. on a abattu 32. il a mordu 33. tu as réduit
34. vous avez pourvu 35. elle a prévalu 36. ils ont feint
37. nous avons vaincu 38. il a tressailli 39. ils sont apparus
40. il est advenu 41. on a soutenu

Past Definite

Generally the past definite has a stem which closely resembles
that of the past participle. If the endings are well known, the
verb should not be difficult to identify.

Difficult cases (to be studied carefully):

je fis (faire) j'eus (avoir) je tins (tenir) je naquis (naître)
je vis (voir) je fus (être) je vins (venir)

Compounds formed with these verbs generally assume a similar
form.

Future

In order to identify easily a verb in the future tense, one should
remember how that tense is formed.

For practically all verbs, the future can be formed from the
infinitive as follows: from the verbs in er, take off r; from the
verbs in ir, take off r, from the verbs in oir take off oir; from the

verbs in **re** take off **re**. To that stem add the endings: **rai, ras, ra, rons, rez, ront.** Thus:

chante r	fini r	dev oir	rend re
je chante rai	je fini rai	je dev rai	je rend rai

Slight variations easily recognized:

Je courrai   j'assiérai   je mourrai   j'acquerrai   je pourvoirai

Exceptions (to be studied carefully):

j' irai	(aller)	je verrai	(voir)	je voudrai	(vouloir)
j' aurai	(avoir)	il faudra	(falloir)	je pourrai	(pouvoir)
je serai	(être)	je vaudrai	(valoir)	j' enverrai	(envoyer)
je ferai	(faire)	je viendrai	(venir)	je prévoirai	(prévoir)
je saurai	(savoir)	je tiendrai	(tenir)		

Compounds formed with these verbs generally assume a similar form.

Conditional

The conditional has the same stem as the future.

Future and conditional tenses are often confused since they look very much alike except for their endings. Therefore, special attention should be paid to these endings. The endings of the future look very much like those of the verb **to have** (rai, ras, ra, rons, rez, ront); the endings of the conditional look like those used for the **imperfect tense** (rais, rais, rait, rions, riez, raient).

Exercise 18

Go quickly over the following verb forms and tell whether they are in the future or the conditional form by saying either "will" or "would" for each of them:

1. nous irons   2. vous seriez   3. il faudrait   4. tu auras   5. nous saurions   6. il fera   7. nous verrons   8. vous vaudriez   9. nous viendrions   10. tu tiendras   11. ils seront   12. vous saurez   13. je voudrais   14. vous pourriez   15. vous acquerrez   16. j'enverrai   17. je courrais   18. il mourra   19. ils sauront   20. ils auraient   21. il vaudrait   22. je verrais   23. il vaudra   24. nous pourrons   25. nous mourrions   26. ils viendraient   27. nous tiendrions   28. nous voudrons   29. j'irais   30. il ferait   31. nous enverrons   32. ils conquerront   33. vous devriez   34. ils surprendront   35. vous auriez   36. il devra   37. je répandrai   38. tu voudras   39. ils auront   40. nous ferions

Subjunctive

As a rule, the stem of the present subjunctive will show the same variations that are to be found in the stem of the present indicative.

que	je doive	que	je tienne	que	je boive
que nous devions		que nous tenions		que nous buvions	

The following verbs have a distinctive stem for the subjunctive:

que j' aille (aller)   que je sache (savoir)   que je veuille (vouloir)
que je fasse (faire)   que j' aie   (avoir)   que je puisse (pouvoir)
que je vaille (valoir)   que je sois   (être)   qu'il   faille   (falloir)

Present Participle

Since the present participle is a principal part of the verb, its stem is to be found in other tenses. You will recognize it in the stem of the first person plural of the present indicative with which you are more familiar.

disons   prenons   faisons   craignons   apercevons   rions   venons
disant   prenant   faisant   craignant   apercevant   riant   venant

Exceptions:

ayant (avoir)   étant (être)   sachant (savoir)

Imperative

The stem of the imperative form is the same as that of the corresponding person of the verb in the present indicative.

bois	viens	crains	reçois
buvons	venons	craignons	recevons
buvez	venez	craignez	recevez

Exceptions:

(être)	(avoir)	(savoir)	(vouloir)
sois	aie	sache	veuille
soyons	ayons	sachons	veuillons
soyez	ayez	sachez	veuillez

Exercise 19

Try to find the infinitive of the following verb forms:

1. que j'allasse   2. ils vinrent   3. nous aperçûmes   4. ils ont reçu
5. vous fîtes   6. que nous voulussions   7. que vous mangeassiez
8. qu'il revînt   9. que je tinsse   10. il a vu   11. nous avons craint
12. qu'il peignît   13. que vous eussiez   14. il a pu   15. il eut eu
16. nous fûmes   17. que vous dûssiez   18. que vous écoutassiez

19. que vous eussiez fait 20. quand vous eûtes eu 21. qu'il eût été 22. qu'ils devinssent 23. qu'ils fussent sortis 24. que je craignisse 25. qu'il atteignît 26. nous rejoignîmes 27. j'acquiers 28. j'eus vaincu 29. qu'il vaille 30. je revêts 31. il a bu 32. nous acquîmes 33. qu'il boive 34. que vous fassiez 35. qu'il eût cru 36. il a vécu 37. il naquit 38. qu'il aille 39. veuillez 40. que je sache

CHAPTER IV

Guessing Word Meanings by Inferences from the Context

Part A

STUDY OF THE PROCESS IN ENGLISH

Often we can guess the meaning of unknown words by drawing inferences from the context. This art of guessing is very important and can be developed by learning the proper techniques. You must first train yourself to recognize the possible clues given by the context and draw the correct deductions from them. You have of course practiced this kind of guessing many times while reading in your mother tongue, although you may not have been fully aware of it. In order to call your attention to the processes involved, we have borrowed from Mary Webb's book called *Precious Bane* [1] a certain number of sentences which contain words peculiar to the Welsh dialect and which are most probably unknown to you. You will find, though, that you can guess the meaning of most of them. This exercise will help you to understand what kind of clues can be found in a context, and how the

[1] Webb, Mrs. Mary Gladys: *Precious Bane*, J. Cape, London, 1931.

same processes of deduction can be applied to the guessing of French words in a French sentence.

Exercise 20

Read the following sentences and try to guess the probable meaning of the words in boldface. If you are at a loss to find an exact translation, use a short definition (or description) of the word, such as: "a thing with which to write" or "the way you look when you are surprised" or "whatever you do when you want to clean a gun" etc. Be sure, however, to replace a verb by a verb (or a verbal expression), an adjective by an adjective, a noun by a noun, etc.

In some cases, you will find that the meaning of a word cannot be guessed until the word is repeated in another sentence. In other cases, the same word will assume a different meaning in different sentences. Note that there are a few words whose meaning you will not be able to guess for lack of sufficient clues; they have been chosen for that express purpose.

1. The roads were so **waidy** round about Grimble's that nobody could come to them in bad weather.

2. We started **swiving**, that is reaping, at the beginning of August.

3. Now, for all he was so big, Huglet didna want to wrostle. He **hiver-hovered** over it a good bit, for he knew Kester was a right proper wrestler.

4. Jancis, get the **besom** and sweep out my room a bit.

5. She is very **jimp** and slender.

6. He lifted me to the saddle . . . "**Tabor on!** old nag!" says he to the horse, and we were going at a canter towards the blue and purple mountains.

7. The **ollern** trees that fringed the road dripped with yellow catkins.

8. We had **a mort of** pears too.

9. You did light a fire as will be hard to **dout**.

10. I have **leased** till there is scarce an ear of wheat left in any part of the field.

11. You know me and Jancis have taken together **in good sadness?**

12. It is none of your business if I do so, says she, very **mim** but laughing to herself.

13. She is used to be **clemmed** at home.

14. Mother was helping father with the bees, getting a new **skep** ready to put the bees in.

15. She can **croodle** by the fire after dark to ease the rheumatics.

16. It was a year of sweet growing weather, with enough rain to swell the grain and not enough to make it **ackerspire**.

17. I **hiver-hovered** over it, Prue, so your poor father died before it was done.

18. So, when Gideon came in again, the three of us managed to get father on to a mattress and **lap** him up in a clean sheet.

19. I be as I was made. None can go **widdershins** to that.

20. She asked him for **summat** to eat.

21. You were having a fine **randy**, I must say.

22. Dear to goodness, what **a mort of** iddle words.

23. Pony and I got out of the ditch and went on, a bit crestfallen and very **mim** and careful.

24. The wheat was no good this year, for it sprouted and **ackerspired** in the ear, it being a very wet season.

25. I ran downstairs **all of a lantun puff** to get the breakfast.

26. Father's temper got up **despert** quick.

27. She'd leafer dance and be **jimp** and supple, than be as stiff as a tombstone, like Missis Sexton.

28. Though she meant it **in good sadness**, it made me laugh.

29. I wanted my breakfast too, for, by this time, I was **clemmed**.

30. I took the lanthorn and Father's old sheepskin coat that **lapped** me up, feet and all.

31. There must be **summat** wrong with their minds as well.

32. It was a wonderful thing to see our meadows at Sarn when the cowslip was **in blow**.

33. I was all **moithered** and twisted and topsy-turvey like the water lily shadows in the mere.

34. They lowered the coffin in the grave and all threw their burning torches down on it and **douted** them with shovelfuls of soft earth.

35. Miller's Tim was as **mim** as a mute, feeling so grand to be trusted with all the feast to mind.

36. The door burst open and out came all the children like bees from a **skep**.

37. It seems that the mighty hand was upon him, striving with him to make him go **widdershins** to what he was.

38. I hear tell that the next **randy** we come to at Sarn is to be a wedding.

39. The soil is very poor and marshy and the flower is the **paigle**. Happen you call it cowslip, but we always name it paigle.

40. A dozen men sat without, though the air was so nippy that they must have been **starved**.

41. Drink a sup of your own wine and **chumble** a crust of your own bread.

42. He began to **cross waund** me about the work: had I shut the fowls? looked the traps? set the night lines?

43. When Callard came up to me with the tidings, I was fair **comic struck**, too surprised to do anything.

44. At the surprise of that, Mister Callard seemed to be quite **moithered** and he stood there not knowing what to do.

45. Whoever, save a few **fratchety** parsons, did ever want to stop such good fun as bull-baiting?

46. We were sitting round the hearth late on a wild night, with hailstorms **taboring** on the window.

47. We stood in the kitchen, barefoot on the cold **quarries**.

48. I was **very choice** of my pretty homespun gown with the cross over.

49. He stayed till the bitter end and did not **raught home** till the small hours.

50. Ah! I wonna **argle and bargle** over the price.

Discussion

You have probably guessed the meaning of many Welsh words, but do you know why or how you were able to do it? In order to understand this process of inferring the meaning of words from a context, let us go back to the sentences and study the kind of clues which they furnished us. We find that they fall roughly into several categories, as follows:

1. Words were guessed because some kind of description or definition was given in the sentence; for example:

> "The roads were so **waidy** round about Grimble's that no-
> body could come to them in bad weather." (1) (*Waidy*

describes a kind of road impassable in bad weather.)

"I have **leased** till there is scarce an ear of wheat left in any part of the field." (10) (*To lease is to pick up ears of wheat in a field.*)

2. The unknown words were used in such a close association with the surrounding words in the sentence, that they could have been automatically supplied had they been left out of the sentence; for instance:

"It was a wonderful thing to see our meadows when the cowslip was . . ." (32)

"I took the lanthorn and Father's old sheepskin that . . . me up, feet and all." (30)

"There must be . . . wrong with her mind as well." (31)

"The hailstones were . . . on the windows." (46)

3. The unknown words were used either as synonyms or antonyms of other words or expressions:

Synonyms:

"We started **swiving**, that is **reaping** at the beginning of August." (2)

"The soil is very poor and marshy and the flower is the **paigle**; happen you call it **cowslip**." (39)

"Mister Callard seemed to be quite **moithered** and he stood there, **not knowing what to do**." (44)

Antonyms:

"You did **light** a fire as will be hard to **dout**." (9)

"Though she meant it in **good sadness**, it **made me laugh**." (28)

4. The meaning of some words could be derived by deduction from such relationships as that of purpose, cause, effect; or from

your daily experiences with the way people and things act or react
under given circumstances; for example:

> "Jancis, you get the **besom** and sweep out my room a bit."
> (4) (*With what do you sweep a room?*)
> "He lifted me to the saddle . . . "Tabor on! old nag!" says
> he to the horse; and we were going at a canter towards
> the blue and purple mountains." (6) (*What do you say to
> a horse to make him start?*)
> "Now Huglet didna want to wrostle, so he **hiver-hovered**
> over it a good bit." (3) (*How do you act when you are
> not keen on doing something unpleasant?*)
> "Mother was helping father with the bees, getting a new
> **skep** ready to put the bees in." (14) (*In what do you put
> a swarm of bees?*)
> "They lowered the coffin in the grave, and all threw their
> burning torches down on it and **douted** them with
> shovelfuls of soft earth." (34) (*What will happen to a
> burning torch if you cover it with earth?*)
> "Whoever, save a few **fratchety** parsons, did ever want to
> stop such good fun as bull-baiting." (45) (*What kind of
> person would want to spoil good fun?*)
> "When Callard came up to me with the tidings, I was fair
> **comic-struck**, too surprised to do anything." (43) (*How
> do you look when you are taken aback?*)

5. *Approximate Guesses.* In some cases an approximate guess
was all that could be made, but often in these cases the use of a
dictionary would have been of little value. Consider the following
examples:

> "The wheat was no good this year, for it sprouted and
> **ackerspired** in the ear, it being a very wet season." (24)

From the sentence we gather that when the wheat "ackerspires"
it is no good, and that this condition is caused by too much rain;

but unless we know *by experience* what effect an excess of rain has on the wheat, we will not know exactly the meaning of the word **ackerspire**, even if we should find its translation in a dictionary; we would simply have replaced a printed symbol by another equally void of meaning. However, it is quite sufficient to understand that the rain *spoiled the wheat in some fashion* to get the meaning of the sentence.

At other times we must be satisfied with a general idea of the thing mentioned. For instance we read of "the **ollern** tree that fringed the road and dripped with yellow catkins." (7) There are many species of trees that bear catkins, and we have no way of knowing what particular species of trees is the ollern. But was not the main purpose of the author to evoke in our mind an *image of a tree* covered with catkins, an image with which we are familiar?

6. *Repetition.* It happens often that while the meaning of a word cannot be ascertained the first time it is seen, repetition in another context makes its meaning quite clear. This recurrence can also be used to check a first guess. For instance in the sentence "she is used to be **clemmed** at home" (13), **clemmed** may mean anything. However, the same word is repeated in sentence 29 and the context makes it quite clear that it means hungry or starved (either translation would be acceptable). The same thing can be said about the word **randy**; in sentence 21 it may mean anything; but in sentence 38, it is evident that it means some kind of festivity or party.

On the other hand, the meaning of such words as **widdershins, despert**, etc., which can be guessed fairly easily the first time can only be really ascertained after one or two other recurrences.

7. *Understanding vs. Translating the Meaning of a Word.* In trying to translate the Welsh words into English you probably found at times that you could not give the exact English translation of a word although you understood its meaning very well;

such is the case for the word **mim**; it could mean either solemn, sobered, or quiet; one cannot be quite sure, but if while reading you understood that **mim** means the way you look (12) when you keep a straight face although you want to laugh or (23) whenever you have made a fool of yourself or (35) whenever you are filled with a feeling of your own importance, then you have appre-hended the *true meaning* of the word, and that is all that is required.

8. *Word Meanings Which Cannot Be Guessed.* In some cases you found that you could not guess the meaning of some words for lack of sufficient clues. The word **jimp** is one of them. Let us consider the two sentences where the word is used:

> "She is very **jimp** and slender." (5)
> "She'd leafer dance and be **jimp** and supple, than be as stiff as a tombstone, like Missis Sexton." (27)

It is evident that **jimp** is associated with youth, but it may mean anything: young, lithe, light, nimble (supple is eliminated by its use in the second sentence), but in order to discover its exact meaning, we would need a glossary of the Welsh dialect.

9. *Enumerations.* We can sometimes understand the nature of things which are enumerated without necessarily understanding the meaning of each individual word. In that case, we may be able to replace all the terms of the enumeration by its general term. Let us consider the following paragraph:

> "The apples had their places according to kind all around the room. They were codlins and golden pippins, brown rus-sets and scarlet crabs, biffins, nonpareils and queanings, big green bakers, pearmains and red streaks."

Unless you know these different kinds of apples and can recog-nize them by their appearances, their names are little more than empty words to you; however, you have seen many kinds of apples in fruit stores, though you may not know their names, and if the enumeration evokes in your mind an *image of a lot of different apples,* red, yellow, green, then you have the main idea which the paragraph meant to convey, i.e., a lot of different apples. To be sure, the image will lack the precision that it would evoke in a mind thoroughly conversant with the species of apples enumerated. However the remedy will not be found in the dictionary, but rather on the shelves of a fruit dealer.

Sometimes the enumeration will deal with a *collection* of items quite different from each other, but belonging to a certain category and if one term of the category can be identified, or the nature of the category itself, then the meaning of the paragraph will become clear, as in the following example:

"The celebrant blessed the house and censed the mullioned windows and the groynes and the vaults and the arrises and the capitals and the pediments and the cornices and the engrailed arches and the spires and the cupolas and sprinkled the lintels thereof with blessed water."

The words *windows, cornices, arches, cupolas* are sufficient clues to give us the idea that the celebrant blessed *all parts of the house* and that the unknown words deal with one part or another of that house.

10. *Controls and Checks.* The practice of guessing word meanings from the context must be accompanied by the constant checking and controlling of this guessing, for, if allowed to proceed unchecked, it may easily lead to fanciful interpretation and distortion of the text to fit initial mistakes.

These checks can be made in several ways.

a. The word is repeated again. This is the most frequent and easiest way to check a meaning, although a third or fourth repetition sometimes will be necessary, since the same word may assume different shades of meaning in each case (cf. **mim** in 12, 23,

35). The reader must continually keep in mind the words already guessed to be ready to check them when they recur.

b. The guess is confirmed by what is said later. Sometimes, although the word itself is not repeated, the context may elucidate its meaning later on. For instance, we read that a man is "chauve" and we guess tentatively that the word could mean "bald"; later on the author says something about the two strands of hair which the man had left, thus confirming our guess.

In another instance, we read that a man has "gaspillé" his fortune in a short time. We guess that it may mean that he squandered it. Later on in the paragraph we are given two or three instances of money recklessly spent and this information helps to check the exactness of the first guess.

c. The meaning of the word must fit in with the general meaning of the paragraph. Once, while reading the description of an elegant bedroom, a student came upon the word "armoire à glace." She knew that "armoire" could mean some kind of closet, "glace" to her meant ice, so, putting the two together she guessed the word "refrigerator," which was not a bad guess. When checked against the background of the elegant bedroom, though, it was obviously wrong.

d. The use of common sense. This is specially required when the reader comes upon an idiomatic expression which does not make any sense when translated literally. Another student reading the following sentence: "A cheval sur les règlements, il entrait dans son bureau régulièrement à neuf heures sonnant," had the man enter his office "on horse back" and was not particularly disturbed by the absurdity of the statement.

11. *Use of the Dictionary. While practicing the technique of* drawing inferences from a context, it is of the utmost importance that such guessing be checked immediately with the help of the dictionary or preferably with the key at the end of this book.

Later on, in normal reading, the decision when to use or when not to use a dictionary must remain a matter of personal judgment. Let us suppose that in a letter written by Pascal about a certain experiment, he says that it needs to be done at a height of five hundred "toises." There is no way to guess the exact meaning of the word "toise," and in that case we must have recourse to the dictionary, since it is imperative that we have a correct estimate of the height. If, however, while reading a description of an old castle, we should be told that the walls were twenty "toises" in height, unless the exact height is of vital importance in the story, it should be sufficient for the time being to know that the word "toise" is a measure of length and let it go at that.

A case much in point is that of adjectives. Their meaning is often difficult to guess for the lack of further clues. For instance, it is impossible to guess the meaning of a "nez camard" when no other clue is to be found in the context. The most we can do is to guess that "camard" describes a certain kind of nose such as crooked, roman, straight, snub, etc. Fortunately, when adjectives are used chiefly to lend picturesqueness and charm to literary style, the *general meaning* of the paragraph may often be grasped without them; however, should a scientific experiment require "tepid" water instead of "boiling" water, the adjective acquires the utmost importance and use of the dictionary becomes imperative.

12. *Necessity of a Basic Vocabulary.* In the preceding set of exercises, guessing the meaning of the Welsh words was relatively easy. This was so because the meaning of all the other words in the sentence was known. They formed a context from which the meaning of the *one* unknown word could be derived. Had there been more than one unknown word, their meaning could not have been as easily ascertained. Let us take the following sentence as an illustration:

"Jancis, get the **besom** and sweep the floor."

We can guess that **besom** means broom, because one sweeps the floor with a broom. Had the sentence been:

"Jancis get the broom and **waide** the floor,"

we could have inferred that **waide** probably meant sweep, because that is generally what one does to a floor with a broom. But if the sentence read,

"Jancis, get the **besom** and **waide** the floor,"

we could not possibly guess, because there are too many plausible alternatives such as:

"Jancis, get the broom and sweep the floor."
"Jancis, get the water and wash the floor."
"Jancis get the wax and polish the floor."

The same conditions prevail when one reads a foreign language; an unknown word can be guessed from a context *provided* the other words in the context are known; therefore, a certain minimum vocabulary should be known in order to furnish the context from which the meaning of unknown words can be derived. Investigators [1] have found that in French a knowledge of the first two thousand basic words taken from the Vander Beke list is a satisfactory but necessary minimum. Exercises in this manual are based on the assumption that the student is fairly familiar with this minimum vocabulary.

[1] See Emery, Margaret: "The Composition and Amount of a Minimum Vocabulary for Reading Ungraded French Texts" (Master's Thesis, University of Chicago, 1931).

Haygood, J. D.: "A Minimum Essential French Reading Vocabulary (Master's Thesis, University of Chicago, 1932).

Coleman, A.: "Analytical Bibliography of Modern Languages Teaching" (University of Chicago Press, 1933).

From these studies, it was found that one may expect to know from 85 to 93% of the words of a French text if he knows the first 2000 words of the Vander Beke list.

Compare with the findings of R. W. Brown for English in "Materials for Word Study" (Van Dyck Co., N.Y., 1921).

Note. Technical Vocabulary for Technical Reading

It has been found by experience that for students *familiar* with a given field, the technical vocabulary in French offers few real difficulties, and this is especially true in the field of science. The French words are generally close enough to the English words to be easily recognized, or the experience of the reader with the subject matter makes the guessing of their meaning relatively easy. However a background of knowledge in the special field dealt with is a must. For instance, let us consider the following sentence:

"Les deux branches de la courbe représentant la variation de la fonction $y = \dfrac{1}{x}$ sont asymptotes aux axes des coordonnées."

In English it reads:

"The two branches of the curve representing the variation of the function $y = \dfrac{1}{x}$ are asymptotic to the axes of the co-ordinates."

All significant words except **courbe** are cognates and **courbe** is certainly easily guessed from the context by a student familiar with the field of mathematics. The French sentence could be grasped after one week of study in the language (**les, deux, de la, sont, aux, des**) but the sentence in English as well as in French will be unintelligible to anyone ignorant of this branch of mathematics.

However, the understanding of the technical *vocabulary* alone is not sufficient to insure the understanding of the material read in any given field. It must be accompanied by a thorough understanding of the relationships between words and sentences. Such knowledge of sentence patterns can be acquired in a basic training common to all fields. Experience has shown us that one can pass from this basic training course to the more specialized kind of reading with a minimum of adjustments.

Part B
APPLICATION OF THE PROCESS TO THE GUESSING OF FRENCH WORDS

In the following series of exercises, designed to develop your skill in drawing inferences from the context, the same kind of clues that were found so useful in guessing the meaning of Welsh words have been used to train you to guess the meaning of French words, but in a more systematic way. Be sure to follow the instructions given for each kind of exercise.

DEFINITION, DESCRIPTION

Exercise 21 (a)

In the following examples, the meaning of the boldface words can be guessed from the definition or description that follows. Write your guess first, then check with the key. Whether you answer by a word or a phrase, be sure that you replace an adjective by an adjective or an adjective clause, a verb by a verb, a noun by a noun or a noun clause, etc.

1. Le **chénil** est l'endroit où logent les chiens.

2. Une **guérite** est un petit abri pour les sentinelles.

3. Le **repaire** est la retraite des animaux féroces.

4. Une personne est **chauve** quand elle n'a plus de cheveux.

5. Un vin qui monte facilement à la tête est **capiteux**.

6. Un appartement qui est très petit est **exigu**.

7. Un homme qui agit toujours honnêtement est **probe**.

8. **Siroter**, c'est boire lentement, à petits coups.

9. Un homme qui a une jambe plus courte que l'autre **boite** en marchant.

Sentences of the type you have just studied are seldom encountered in a reading text, but the context might be such that the information casually given is as good as a description or a definition. Let us suppose that some of the words above had been used in the following sentences; would you recognize the clue?

Il alla porter à manger aux chiens qu'on avait enfermés dans leur **chénil** (*la maison des chiens*).

Il pleuvait et la sentinelle était rentrée s'abriter dans sa **guérite** (*un abri pour les sentinelles*).

Il avait perdu ses cheveux prématurément et à quarante ans il était complètement **chauve** (*il n'avait plus de cheveux*).

L'appartement était si **exigu** que deux personnes avaient de la peine à s'y remuer (*l'appartement était évidemment tout petit*).

Il fumait un cigare tout en **sirotant** lentement à petits coups son verre de Chartreuse (*il buvait lentement, à petits coups*).

Exercise 21 (b)

In a like manner, try to guess the meaning of the following words:

1. De mauvaise humeur, elle répondit d'un air **maussade** à ses questions. (*Une personne qui est de mauvaise humeur est maussade.*)

2. Le vieux était assis près de l'**âtre** où brûlait un feu clair. (*L'endroit où l'on fait du feu.*)

3. L'homme était complètement **fourbu** car il avait marché plus de douze heures sans s'arrêter. (*Comment est un homme qui a marché douze heures de suite?*)

4. Il avait bu trop de vin et s'avançait d'un pas incertain, **en titubant**. (*"Tituber," c'est marcher comme un homme qui a trop bu.*)

5. En entrant, il vit le chapeau de son père suspendu à une **patère**, dans le vestibule (*une chose à laquelle on suspend son chapeau*).

6. Il était excellent chasseur et revenait souvent son **carnier** plein de **gibier**. (*Ce que l'on chasse s'appelle le gibier et le chasseur met ce gibier dans un carnier.*)

Can you do the following without hints?

7. Elle était très **acariâtre** et se querellait sans cesse avec tout le monde.

8. L'homme **ahuri** les regardait, ne comprenant rien à ce qui se passait, ne sachant pas ce qu'on voulait de lui.

9. La pluie maintenant s'était changée en **givre** et recouvrait d'une mince couche de glace les branches des arbres du jardin.

10. Le vent terrible les souleva de terre et les laissa retomber lourdement sur le sol, où elles **s'affalèrent**, inanimées.

11. On dit chez nous, Monsieur Warfield, que lorsque les **ravoures**, ces longues traînées de nuages rouges, apparaissent le matin, il pleuvra dans la journée.

12. Elle remit en place le long **tisonnier** de fer avec lequel elle venait de remuer le feu pour le ranimer.

13. Une des fillettes était **juchée** périlleusement sur une chaise bien trop haute pour elle.

14. Le chat en colère l'avait **égratignée**, et elle montrait en pleurant ses mains et son visage en sang.

15. Elles **tâtonnaient** dans l'obscurité, s'avançant avec précaution, les mains en avant.

16. Elle **jacassait** sans cesse, et ce flot de paroles inutiles avait fini par exaspérer son mari.

17. L'éléphant s'avançait à pas lents, guidé par son **cornac**, qui, assis entre ses deux oreilles, le dirigeait d'un mot, d'un légère pression de la jambe.

SYNONYMS

Exercise 22

In the following sentences, the meaning of the boldface words may be inferred from the meaning of another word or expression used, more or less as a synonym. In the first part of the exercise, such synonyms have been italicized; later, you must try to find them yourself.

1. Il n'aimait pas la *raillerie* et cet impertinent **brocard** ne lui plut pas.

2. Il se pencha au bord de ce *précipice* épouvantable qu'on appelle le **gouffre** de Padirac.

3. Qu'est-ce qui peut avoir causé sa *colère?* Je ne l'ai jamais vu dans un si grand **courroux**.

4. Ne me **celez-vous** rien?—Mais non, pourquoi voulez-vous que je vous *cache* quelque chose?

5. Je ne questionne pas votre *véracité*. Tout le monde connaît votre réputation de **franchise**.

6. Les Normands, après leur conquête de l'Angleterre, ont **dépouillé** les Saxons, en *confisquant* tous leurs biens et leurs terres.

7. Toute la journée elle se *plaignait,* **geignait,** disant qu'elle était la personne la plus malheureuse du monde.

8. "—*Echappons-nous* dans la forêt, dit-elle, personne ne nous verra." Et elles **s'esquivèrent** sans que personne ne les ai vues sortir.

9. Dans sa colère jalouse, il aurait voulu détruire, **anéantir** l'œuvre de son rival détesté.

10. Pendant ces années de commerce prospère, la famille était devenue **cossue,** et c'était maintenant une des plus riches du pays.

11. Madeleine était morte de fatigue; Sabine, elle aussi, **était à bout de forces.**

12. Elles détestaient **être rabrouées** et la moindre réprimande les mettait en colère.

13. Elle était robuste et **râblée** pour son âge et pouvait se défendre au besoin.

14. Elle **ricana** en regardant l'enfant et ce rire méchant était plein de menace.

15. Un guide **s'est déroché** dans le précipice des Drus; cela fera le troisième qui sera tombé cette saison.

16. Ses vêtements étaient tout déchirés, **en lambeaux.**

17. N'ayant pas de lumière, elle s'avançait avec précaution, ayant bien peur de **se cogner** aux portes ou de se heurter contre une table.

18. Elle racontait cette aventure sans suite, à **bâtons rompus**, et ce ne fut que beaucoup plus tard que l'on put se faire une idée de ce qui lui était arrivé.

19. D'abord il avait trouvé l'affaire **alléchante**, pleine de promesse, mais à la réflexion, elle lui paraissait de moins en moins désirable.

ANTONYMS

Exercise 23

In the following exercise, the boldface words are antonyms of the words or expressions italicized. Try to guess their meaning.

1. Elle se montrait tantôt **chiche**, tantôt *généreuse*.

2. Prendrez-vous le train *express* ou le train **omnibus?**

3. Paul était souvent **oisif**, tandis que son frère *travaillait dur*.

4. Au lieu de *revenir vite* à la maison, il aimait **flâner** dans les rues.

5. Ravanat essaya de **se rémémorer** ce qui s'était passé la veille; ce fut en vain; *il ne se rappelait rien*.

6. *Sobre* ou **ivre**, il se montrait toujours d'une politesse exquise.

7. Autrefois elle *avait adoré* ces plaisirs du monde, mais maintenant ils l'**écœuraient** profondément.

8. Au lieu *d'accepter les choses avec calme* elle **se tracassait** pour des riens, n'en dormait pas de la nuit.

9. Il **avait été rebuté** plutôt *qu'encouragé* par les paroles de sa mère.

10. Les épreuves **avaient endurci** son cœur qu'elle avait autrefois *si tendre et si pitoyable.*

11. Ils étaient arrivés le soir à la cabane, **exténués;** le lendemain *bien reposés,* ils étaient prêts à continuer leur ascension.

12. Le vertige est une chose terrible qui peut transformer *l'homme le plus courageux* en **poltron.**

13. On n'osait pas les **brusquer** car la mère exigeait *qu'on les traitât avec douceur.*

14. Chez les Monvant elle se sentait toute **dépaysée,** tandis que chez les Bézillac, elle était à l'aise *comme chez elle.*

15. Les petites filles si **tapageuses** d'ordinaire *se tenaient aujourd'hui tranquilles et silencieuses* devant l'inquiétude de leur mère.

16. Tandis qu'Elliette **regimbait** constamment contre la discipline du couvent, sa sœur au contraire *s'y soumettait de bonne grâce.*

17. *Violemment troublée* par la nouvelle, elle demeura jusqu'au soir silencieuse, préoccupée, mais le lendemain, elle **avait retrouvé son assiette** et se montra douce et gaie comme à son habitude.

18. Elle n'en écrivait pas long, mais **c'était de son cru,** tandis que sa sœur *copiait toutes ses phrases.*

19. Elle, qui **n'avait pas desserré les dents** pendant le voyage *ne cessait plus de causer,* tant elle était contente de se retrouver avec les siens.

20. Il eût préféré qu'on mariât ses filles simplement, **sans tambours ni trompettes,** mais la mère au contraire, désirait *un brillant mariage, à la cathédrale, avec le soir, un bal pour deux cents personnes.*

WORD ASSOCIATION

Exercise 24

The clues to the meaning of the boldface words are to be found in the close association between them and the rest of the sentence. You guess them by imagining that they have been left out of the sentence, and you fill that blank just as you would in an English sentence.

> *Example:* birds fly with their..........; fishes swim with their..........

1. Le corps du poisson est recouvert d'**écailles**.

2. Le poisson respire en ouvrant et fermant ses **ouïes**.

3. Le chat se défend avec ses **griffes**.

4. De temps en temps on entendait un cheval qui **hennissait**.

5. Le **roulis** du bateau lui donnait la nausée.

6. Les yeux de l'homme **étincelaient** de rage et de fureur.

7. Toutes ses sœurs se pressaient autour d'elle, la **harcelant** de questions.

8. Le chien de chasse suit le gibier à la trace, en **flairant** le sol.

9. Le **chirurgien** vient d'amputer la jambe du blessé.

10. Les pauvres gens sans travail ont beaucoup **pâti** du froid et de la faim.

11. La porte n'était pas fermée à clef; Eva souleva doucement le **loquet** et ils entrèrent.

12. Le lion s'est jeté sur la gazelle et l'a **déchiquetée** en pièces.

13. Il avait fait **badigeonner** les murs de sa maison d'une horrible couleur jaune.

14. Quelques phrases **accrochèrent** son attention; elle ne put résister au désir d'en savoir plus long et elle écouta.

15. En cherchant dans un vieux meuble, elle retrouva une **liasse** de lettres, jaunies par le temps et liées d'un ruban bleu.

16. C'était là que les guides se réunissaient, **ressassant** entre eux leurs éternelles histoires d'ascensions mémorables.

17. Ses yeux étaient tout **embués** de larmes qu'il essayait de retenir en vain.

18. Les étoiles **clignotaient** dans un ciel sans nuages.

19. "Il faut redescendre," **trancha** impérieusement le guide. "Et tout de suite."

20. Il ne disait plus rien, ne voulant pas, par une parole maladroite, risquer de **déclencher** une avalanche de reproches.

21. Attention! il n'y a pas de parapet; vous risquez de **basculer** dans le précipice, en vous penchant de la sorte.

22. Elle jetait de temps en temps un morceau de pain au chien qui le **happait** au vol.

23. Une toute petite fenêtre à quatre **carreaux** éclairait la pauvre chambre.

DEDUCTION

Exercise 25

The meaning of the boldface words can be guessed from such relationships as those of purpose, cause, result, effect, etc. (which have been italicized).

1. Elle avançait avec précaution, évitant les **flaques d'eau** *pour ne pas se mouiller les pieds.*

(Hint: What do you try to avoid if you do not want your feet to get wet?)

2. Elle se releva, essuyant ses yeux **à la dérobée** *pour qu'il ne vît pas qu'elle pleurait.*
(Hint: How do you act if you do not want people to see what you are doing?)

3. *Il avait couru si vite* qu'il était maintenant **hors d'haleine.**
(Hint: How are you just after you have run very fast?)

4. Il se jeta *mort de fatigue* dans un fauteuil: "Ah!" dit-il, **je n'en puis plus!**
(Hint: What are you likely to say if you are very, very tired?)

5. "Ah! ma sœur!" s'écria-t-elle, "*quel spectacle affreux! quel horrible accident!* j'en suis encore **tout à l'envers!**"
(Hint: How would you be if you had just witnessed a horrible accident?)

6. La porte se referma avec un tel **fracas** que *l'enfant se réveilla* et se mit à pleurer.
(Hint: What is likely to awaken a person asleep?)

Can you guess the following without hints?

7. Elle vient de **l'échapper belle!** *Un pas de plus et elle roulait sous les roues de l'autobus!*

8. Les belles allées du parc, autrefois en si parfait état, étaient maintenant toutes **défoncées** *à cause des lourdes voitures qui y roulaient maintenant constamment.*

9. Elle se tenait sous la fenêtre du salon, **tendant l'oreille** *pour essayer d'entendre* quelques mots de la conversation.

10. Une haie épaisse séparait les deux propriétés, mais il y avait, à quelques pas de là, une **brèche** entre les branches *qui lui permit de passer de l'autre côté.*

11. L'enfant essayait de **se raccrocher** à la robe de sa mère *pour ne pas tomber.*

12. Il fallut **rogner sur les dépenses** de la maison, endurer mille privations, *pour payer les dettes de jeu du père.*

13. Elle **bouscula** les petites filles *pour se faire un passage* et descendit en courant.

14. Il faudra bien **la mettre au pas** *car elle devient très indiscipinée.*

15. *Lorsqu'elle avait commis une faute,* sa mère se contentait de la **morigéner** sévèrement, sans jamais la punir.

16. Cette allusion, *rappelant à tous un incident pénible,* **jeta un froid** dans la conversation; il y eut un moment de silence gêné.

17. *Une des roues s'est brisée* et la voiture **a chaviré** dans le fossé; heureusement personne n'a été sérieusement blessé.

18. De sa main droite, Anne *écartait les branches* pour se **frayer** un passage sous bois.

EXPERIENCE

Your daily experience with things and people, the way they act or react in a given situation, can give you many clues as to the meaning of unknown words. In the next series of exercises, read the selection first in its entirety so as to get a general idea of the background (note that the title is translated into English so as to provide you with the setting or situation). Then, in the light of your experience in similar situations, try to guess the meaning of the boldface words.

Exercise 26. Un jour de pluie (A rainy day)

Dehors la pluie tombait avec violence; on entendait les gouttes d'eau

1. tambouriner

tambouriner sur les vitres des fenêtres.

2. éclaboussait

L'eau **éclaboussait** les passants dans

3. les rigoles

les rues, débordait les **rigoles** au bord

4. les trottoirs

des **trottoirs** et se précipitait dans la

5. les égoûts

bouche des **égoûts**.

6. un parapluie

Mon frère était sorti sans **parapluie**,

7. trempé jusqu'aux os

sans manteau; il est revenu à la maison

8. grelottant

trempé jusqu'aux os et **grelottant** de

9. dégouttait

froid. L'eau **dégouttait** de ses habits et

10. des mares

formait de petites **mares** à ses pieds,

11. le parquet

sur **le parquet**.

Exercise 27. La pêche au poisson (Fishing)

1. pêcher

Pour **pêcher** le poisson dans la rivière, on se sert d'une ligne au bout

2. un hameçon

de laquelle on a mis un **hameçon**. Pour amener le poisson à mordre cet hameçon, on y met un **ver** pour servir

3. un ver

4. l'appât

d'**appât**. Le poisson **happe** l'appât et

5. happe

l'hameçon en même temps. Un petit

6. un bouchon

bouchon léger qui flotte sur l'eau **fait**

7. fait le plongeon

le plongeon et avertit le pêcheur que le poisson a mordu à l'hameçon. Quelle joie lorsqu'on retire la ligne et qu'on voit au bout de l'hameçon un

8. argenté

joli poisson **argenté** qui brille au soleil.

Exercise 28. Une tempête au bord de l'océan (A storm by the sea)

	A l'entrée de la baie il y avait une chaîne de rochers de granit qui formaient une ligne presque continue
1. les récifs	de **récifs** noirs. Il fallait voir les vagues monstrueuses se lancer comme à l'as-
2. le fracas	saut contre ces rochers. Il fallait en-
3. les lames	tendre le **fracas** des **lames** furieuses
4. des clameurs	qui frappaient cet obstacle avec des
5. assourdissantes	**clameurs assourdissantes.** Les plus
6. lestes	**lestes** de ces vagues sautaient par-dessus les récifs et retombaient de l'autre côté avec un grand bruit; les autres, plus lourdes, se brisaient
7. les écueils	contre ces **écueils** en jetant des **gerbes**
8. des gerbes d'écume	**d'écume** d'une blancheur **éblouissante,**
9. éblouissante	puis se retiraient en faisant entendre
10. un grondement	une sorte de **grondement** sourd et profond.

APPROXIMATE GUESSES

Exercise 29

Give an approximate guess as to the probable meaning of the boldface words or expressions by completing the phrase *some kind of* . . . .

1. Il traînait péniblement son gros bateau, un **"océan"** de douze pieds.

("**océan**": *some kind of* . . . .)

2. Il portait un costume de **coutil** blanc et un large chapeau de paille
(**coutil:** *some kind of* ....)

3. Dans la salle commune, éclairée par un **falot** fumeux placé sur une table, quelques guides mangeaient leur repas du soir.
(**falot:** *some kind of* ....)

4. Dans un champ minuscule, entouré d'un petit mur de pierre, un vieux paysan creusait la terre avec sa **pioche.**
(**pioche:** *some kind of* ....)

5. A trois reprises, rasant le sol, le bizarre oiseau qu'on nomme **l'engoulevent** passa. Il annonce toujours la nuit.
(**engoulevent:** *some kind of* ....)

6. Il ouvrit son panier, en retira un petit poisson bleu: "c'est une **caprille**," dit-il en la montrant aux enfants, "c'est rare."
(**caprille:** *some kind of* ....)

7. L'avenue était bordée de vieux **ormes** au feuillage épais.
(**orme:** *some kind of* ....)

8. Chasseurs et chiens se lancèrent à la poursuite du **renard** qui fuyait à toute vitesse.
(**renard:** *some kind of* ....)

9. Il aimait boire son vin dans une **timbale** d'argent.
(**timbale:** *some kind of* ....)

ENUMERATIONS

Exercise 30

Replace the boldface words in the following paragraphs by one general term under which they could be classified.

1. Nous avancions avec peine parmi des **ceps de vigne,** des **indigos,** des **faséoles,** des **lianes rampantes** qui entravaient nos pieds comme des filets et rendaient la marche difficile.

(*All of these are* ....)

2. Dans le grenier on voyait des **pommes de terre,** des **oignons,** des **gourdes,** des **pommes,** et des **châtaignes** soigneusement entassés sur le plancher ou pendant en chapelets du plafond en pente.

(*All of these are* ....)

3. A chaque moment il fallait chasser, d'un geste devenu presque machinal, les **moustiques** voraces, les **mouches** insatiables, les longues **guêpes** jaunes et insistantes, les **cousins** innombrables et ces nuées de petits **moucherons** qui nous aveuglaient.

(*All of these are* ....)

4. Le mobilier avait été renouvelé quand le baron s'était marié et on s'était débarrassé de l'ancien; on avait relégué au grenier les petites **chaises à médaillon,** les **fauteuils** en bois sculpté, les **canapés** harmonieux, les grandes **bergères** et les **trumeaux** fanés pour les remplacer par des meubles neufs du plus pur style Louis-Philippe.

(*All of these are* ....)

5. Il pénétra dans la forêt silencieuse et recueillie; autour de lui, les **chênes** aux troncs rugueux alternaient avec les **bouleaux** sveltes à écorce d'argent, les **frênes** touffus, les **saules** tremblants et les vieux **ormes** et formaient une ombre épaisse à travers laquelle les rayons obliques du soleil ne pénétraient déjà plus.

(*All of these are* ....)

RECAPITULATION (MIXED CLUES)

In the following exercise, the different kinds of clues have been indicated as follows:

(desc. or def.) Description or definition. Look for some kind of description or definition of the word in the context.

(syn.) Synonym. Look for a synonymous word or expression in the context.

(ant.) Antonym. Look for an antonymous word or expression or for an opposite idea.

(ass.) Association. Read the sentence as if the word were left out.

(ded.) Deduction. Try to find a relationship such as that of cause, purpose, effect, result, etc., between the word and the context.

(exp.) Experience. From what you know, guess what is likely to happen to people and things in a given situation.

(root) Root. Try to recognize the root of the word in order to guess its probable meaning.

(appr.) Approximation. Try to give an approximate guess such as: it is some kind of . . . .

Exercise 31

Procedure: Read each sentence carefully and try to infer the meaning of the unknown word. If you have some difficulty, look at the bottom of the page for an indication as to the type of clue given in the context and try again. If unsuccessful, look at the end of the exercise for a more pointed hint. Do not look at the key unless you have given up. Guesses are at best probable meanings and may vary all the way from an approximate meaning to the exact translation. Note that many synonymous words or expressions are quite acceptable as an answer and that in many cases a dictionary would not necessarily give the special meaning that the word assumes in the sentence.

1. Resté seul, Pierre **savoura** pleinement la joie de sa victoire.

2. Tard dans la soirée, ils arrivèrent enfin à la cabane qui devait leur servir de **gîte** pour la nuit.

3. Il se tenait debout, **adossé** contre la muraille.

4. Elle parut, les cheveux tout **ébouriffés** car elle n'avait pas eu le temps de les coiffer et de faire sa toilette.

5. "Donne-nous à boire, dit-il; on **crève de soif** par cette chaleur!"

6. Pierre glissa et serait tombé au fond du précipice, si son guide, serrant la corde, n'avait réussi à **enrayer la chute**.

7. La pente était si abrupte et si difficile qu'on entendait le vieux qui **ahannait** tout en montant péniblement.

8. Elle tira un **escabeau** de dessous la table et l'offrit à Marcelle en lui disant: "Asseyez-vous donc un moment!"

9. Les petites filles s'échappèrent pour aller jouer, suivies de leur chien qui **gambadait** partout, fou de joie.

10. Plus que jamais il faut éviter la fatigue et **te ménager** car on aura besoin de toi maintenant.

11. Incapable de faire un pas et comme **figée sur place**, Marie attendait le choc qu'elle prévoyait: il était arrivé **malheur à** son fils.

12. Il **jaugeait** de l'œil la distance qu'il lui restait maintenant à parcourir.

---

1. (ass.)   2. (ass.)   3. (root)   4. (exp.)   5. (ass.)   6. (ant.)   7. (exp.)   8. (desc.)
9. (exp.)   10. (syn.)   11. (syn.)   12. (ass.)

13. La corde s'était **coincée** entre deux rochers et il eut beaucoup de peine à la dégager.

14. Il était encore tout **essoufflé** par la rapide montée qu'il venait de faire.

15. Georges avançait avec peine dans l'obscurité, **butant** contre les pierres et tombant dans les trous.

16. Comme par **l'huis** entr'ouvert on entendait les chants, les cris et les rires de la foule, Michel se leva et alla fermer cette porte.

17. Le **chalet** était charmant avec ses murs blancs, son toit rouge et ses géraniums aux fenêtres.

18. Il entendit la sonnerie du téléphone; il **décrocha l'écouteur:** "Allo! cria-t-il, ici l'hôtel de Montravers."

19. Il lui **asséna** un grand coup de poing sur la tête; Michel tomba comme une masse.

20. Il se moquait des gens **timorés** qui avaient peur de franchir les passages dangereux ou bien qui fermaient les yeux pour ne pas voir le vide.

21. Des larmes de bonheur **perlaient** le long de ses joues.

22. Tu **te gausses** continuellement des gens; mais à leur tour ils pourraient bien aussi se moquer de toi.

23. Elle remua un peu les genoux: d'être restée aussi longtemps immobile, elle **avait des fourmis dans les jambes.**

24. Il vit, dans les champs, des vaches et des chevaux qui **broûtaient** l'herbe tranquillement.

---

13. (ant.) 14. (exp.) 15. (ass.) 16. (syn.) 17. (appr.) 18. (ded.) 19. (ass.)
20. (desc.) 21. (ass.) 22. (syn.) 23. (exp.) 24. (ass.)

25. Le visage du père qui s'était éclairé d'un sourire, se **rembrunit** tout d'un coup à la vue de l'individu qui accompagnait son fils.

26. On ne l'entendait pas parler, mais ses lèvres remuaient; Pierre pouvait ainsi **marmotter** pendant des heures sans que l'on pût comprendre un mot.

27. Nous possédons un vieux château immense, mais si **délabré** qu'il pleut dans toutes les chambres.

28. "Je viens vous aider, dit-elle en souriant, car je vois bien que si **je ne mets pas la main à la pâte**, vous n'en finirez jamais."

29. Robuste et encore droit, le vieux allait d'un pas ferme, son bâton de **cornouiller** à la main.

30. Bien que cette question lui **brûlât les lèvres**, il eut cependant la force de ne rien demander.

31. Pas une lumière ne brillait aux fenêtres de la maison; à cette heure **tardive**, tout le monde était couché.

32. "Je reste ici toute l'année, dit-elle en **martelant** ses mots avec une dureté impitoyable.

33. Paul persistait dans son refus; il était **buté** et refusait d'entendre raison.

34. La fillette, effrayée, essaya de se faire toute petite en **se blottissant** dans un fauteuil.

35. Ses jambes étaient tout **engourdies** d'être restée immobile si longtemps; elle se leva et alla faire un tour dans le jardin
36. pour les **dégourdir**.

37. A travers le mur contre lequel son lit était **accoté**, elle entendit sonner deux heures.

25. (ant.) 26. (desc.) 27. (ded.) 28. (syn.) 29. (app.) 30. (ant.) 31. (root)
32. (ass.) 33. (syn.) 34. (desc.) 35. (exp.) 36. (ant.) 37. (root)

38. Certes elle avait **la langue bien pendue** et pendant des heures elle parlait, interminablement.

39. Dans sa terreur elle ne pouvait parler; son visage était **blême**
40. de peur et ses dents **claquaient.**

Further Hints for Preceding Exercise

1. savoura — Pierre .... the joy of victory.

2. gîte — The cabin will serve as .... for the night.

3. adossé — a *dos* sé; with his .... against the wall.

4. ébouriffé — How is your hair in the morning, before you comb it?

5. crever de soif — When you are very thirsty, you say that you .... of thirst.

6. enrayer la chute — Antonym of **Paul serait tombé,** ....

7. ahannait — The kind of noise people make when they exert themselves. ....

8. escabeau — It is a seat; for one person; can be put *under* a table ....

9. gambadait — You have seen a dog just released; how does he run?

10. se ménager — Synonym of **éviter les fatigues.**

11. figée sur place — Synonym of **incapable de faire un pas.**

12. jaugeait de l'œil — He .... the distance with his eyes.

13. coincée — Antonym of **dégager.**

14. essoufflée — How are you after having climbed a hill rapidly?

38. (desc.) 39. (exp.) 40. (exp.)

15. butant — At night you are apt to .... against the stones if you do not see them.

16. l'huis — Synonym of **porte**.

17. chalet — It has walls, windows, a roof; it is some kind of ....

18. décrocher l'écouteur — What is the first thing you do in order to answer the telephone?

19. asséna — He .... a blow on Michel's head which felled him.

20. timorés — Description given; people who are ....

21. perlaient — Tears of happiness .... on her cheeks.

22. se gausser — Synonym: **se moquer**

23. avoir des fourmis dans les jambes — What kind of funny feeling do you have in your legs when you have remained motionless for a long time?

24. broûtaient — The cows .... the grass.

25. se rembrunir — Antonym of **éclairé d'un sourire**.

26. marmotter — A way of speaking that is difficult for others to hear and understand.

27. délabré — In what condition is a castle if it rains in every room?

28. mettre la main à la pâte — Synonym of **Je viens vous aider.**

29. cornouiller — A walking stick made of some kind of .....

30. brûler les lèvres — How do you feel when you need all of your control not to ask a question?

31. tardive — The root is **tard**; the adjective is?

32. marteler — She .... her words with harshness.

33. buté — Synonym of the expression **refusait d'entendre raison**.

34. se blottissait — Description given: to try to make oneself small, to ....

35. engourdies — How are your legs when you have remained motionless for a long time?

36. dégourdir   Antonym of **engourdir.**
37. accoté   ac *coté;* the bed was placed ...... **the wall.**
38. avoir la langue   How would you describe a person who **talks**
    bien pendue   interminably?
39. blême   What is the color of your face when you
                       are afraid?
40. claquaient   What effect has fear on one's teeth?

IMPORTANCE OF A RICH CONTEXT

Exercise 32

To exemplify the importance of a rich context for guessing the meaning of words, read paragraph I first, and find out how many of the boldface words you do not know. Then read paragraph II and see how many meanings you can guess correctly thanks to the enlarged context.

I

Les travaux des champs sont rudes, mais ils sont variés; **bêcher, labourer, semer, sarcler, faucher;** élever, soigner, nourrir, **traire** les animaux domestiques; **moissonner,** battre le blé; **émonder** les vignes, **vendanger** et **pressurer** le raisin; **atteler, dételer** les bœufs, remplir les **râteliers,** nettoyer les **litières, tondre** les moutons: Ce sont là autant de travaux qui, en diversifiant le travail du paysan, le lui font aimer.

II

                Les travaux des champs sont rudes, **mais ils**
1. bêcher   sont variés; **bêcher** la terre du jardin au prin-
2. labourer   temps pour semer les petits pois, **labourer** les

3. semer   champs en retournant la terre avec la **charrue,**
4. sarcler   **semer** le grain, **sarcler** les mauvaises herbes,
5. faucher   **faucher** l'herbe et la faire sécher pour avoir du
                  foin; élever des poules et des poulets, soigner et
6. traire   nourrir les bêtes, **traire** les vaches matin et soir
7. moissonner   pour en avoir le lait; **moissonner** le blé quand
                  il est mûr et le battre pour en avoir le grain;
8. émonder   **émonder** les vignes de leurs branches et de leurs
9. vendanger   feuilles inutiles, **vendanger** le raisin quand il est
10. pressurer   mûr et le **pressurer** pour en faire du vin. **Atteler**
11. atteler   les bœufs à la charrue le matin, les **dételer** le
12. dételer   soir, remplir leur **râtelier** de foin ou d'herbe
13. râtelier   fraîche, remplacer la paille de leur **litière,**
14. litière   **tondre** la laine des moutons; ce sont là autant
15. tondre   de travaux qui, en diversifiant les travaux du
                  paysan, le lui font aimer.

Supplementary Exercise 33

The following selection is difficult to read because you probably know next to nothing about the making of charcoal. However, by using all the clues which you have been trained to detect
in a context, you may be able to read with a fair amount of
understanding.

Procedure:

1. Read the list of words at the left and check those which
you do not know. Then read the text, trying to guess the meaning
of as many of them as possible. You may look at the bottom of
the page for an indication of the type of clue given in the context.
Note that some of the words used are special to the trade and are
not to be found in the dictionary. In that case, give a short definition of them. Such words are marked with an *.

2. If you fail to guess a word, study the hints given at the end of the selection and try again.

3. Check your guess with the key.

LA CUISSON DU CHARBON (CHARCOAL MAKING)

1. la besogne
2. le charbonnier
3. les cendres
4. le cuisage
5. forestières
6. * le dressage du fourneau
7. le savoir-faire
8. l'emplacement
9. une enjambée

10. ces perches

11. * des attelles
12. fendus

13. des rondins

C'est une rude **besogne** et capricieuse que la cuisson du charbon, nous dit le vieux **charbonnier**, en secouant les **cendres** de sa pipe. D'abord il faut chercher un bon **cuisage**, un endroit abrité du vent et à proximité des routes **forestières**; ensuite il y a le * **dressage du fourneau**, qui est une opération délicate, exigeant de la patience et du **savoir-faire**. Voici comment on s'y prend: Sur l'**emplacement** choisi, on compte huit **enjambées**: ce sera le diamètre du fourneau. On choisit ensuite quelques longs bâtons bien droits que l'on plante en cercle au centre de l'emplacement; ces longues **perches** formeront une sorte de cheminée pour le fourneau. Les premiers bâtons, ou * **attelles** dont on entoure cette cheminée doivent être secs et **fendus** en quatre et appuyés debout contre les perches qui forment la cheminée: Tout autour, sur le sol, on place une rangée de **rondins**, moins gros que les attelles et coupés de la même longueur, puis une autre rangée, puis une autre et ainsi de suite jusqu'à l'ex-

1. (ass.) 2. (root) 3. (ass.) 4. (desc.) 5. (root) 6. (desc.) 7. (root)
8. (root) 9. (root) 10. (desc.) 11. (syn.) 12. (ass.) 13. (desc.)

14. * l'éclisse

15. * le grand haut
16. * le petit haut

17. feuillu
18. des ramilles
19. une couche

20. * le frasil

21. boucher

22. des broussailles

23. les tracas

24. âcre

trémité du cercle: c'est le premier lit. Sur ce premier lit on en élève un second qu'on appelle *** l'éclisse** et on continue de la sorte, en diminuant le diamètre des rangées de façon que le fourneau tout entier ressemble à une hémisphère renversée. Le troisième lit a nom de *** grand haut**; le quatrième et le cinquième s'appellent le *** petit haut**.

Le dressage terminé, il faut recouvrir le fourneau d'un épais manteau qui le mette à l'abri de l'air. On le couvre de petites branches **feuillues**, appelées **ramilles**, sur lesquelles on applique une **couche** de terre fraîche, épaisse de trois doigts; enfin on répand sur le tout le *** frasil**, c'est-à-dire une cendre noire prise sur une ancienne place à charbon. On laisse, de place en place, des ouvertures qui communiquent avec la cheminée et que l'on peut **boucher** ou ouvrir à volonté afin de régler le feu.

Le haut du fourneau étant resté à découvert, on introduit dans la cheminée des **broussailles** sèches et des charbons allumés; le courant d'air s'établit et le bois commence à brûler. Alors seulement, monsieur, viennent les vraies fatigues, les difficultés et les **tracas** du métier. Le charbon est comme un enfant gâté sur lequel il faut veiller jour et nuit. Quand la fumée, blanche d'abord, devient plus brune et plus **âcre**, on bouche les ouvertures avec de la terre, puis, douze

14. (def.) 15. (def.) 16. (def.) 17. (root) 18. (desc.) 19. (ass.) 20. (def.)
21. (ant.) 22. (ded.) 23. (syn.) 24. (cogn.)

heures après, on redonne un peu d'air. Le charbonnier doit être toujours maître de son feu. Si le feu gronde, c'est que la cuisson va trop vite; on doit alors appliquer du frasil sur les ouvertures; si le vent s'élève, autre souci; il faut abriter le fourneau et pour cela on le recouvre avec des

25. les claies d'osier — claies d'osier. Enfin, après mille tracas et
26. éventrer — mille soins, la cuisson s'achève. On **éventre** le fourneau d'un seul côté, et le charbon
27. une mûre — paraît, noir comme une **mûre**, lourd et sonnant clair comme argent.

A. Theuriet

Further Hints for Preceding Exercise

1. besogne — Charcoal making is hard ....

2. charbonnier — The suffix **ier** generally indicates a profession; charcoal ....

3. cendres — Why do you shake a pipe? to get rid of the ....

4. * cuisage — The definition is given; a suitable .... for the apparatus.

5. forestières — From the root **forêt**; roads which pass through a ....

6. * dressage du fourneau — The whole paragraph gives the explanation of the expression: it has to do with the .... of the apparatus.

7. savoir-faire — From **savoir**, to know how, and **faire**, to do; ....

8. emplacement — From the root **place**; you choose a ....

25. (no clues)   26. (ded.)   27. (ass.)

9. enjambées — From the root **jambes**; how do you measure a distance with your legs? by taking . . . .

10. perches — Description given: long straight sticks: . . . . .

11. * attelles — Definition given; they are the . . . . placed against the chimney.

12. fendus — The sticks must stand upright; what can you do to their base to make them do so? . . . . them.

13. rondins — From the root **rond**; they are round pieces of wood: . . . .

14. * éclisse — Definition given; the . . . . row of sticks.

15. * grand haut — Definition given; they are the . . . . row of sticks.

16. * petit haut — Definition given; they are the . . . . row of sticks.

17. feuillu — From the root **feuille**; which has . . . .

18. ramilles — From the description; a branch with its leaves; a . . . .

19. couche — You apply a . . . . of earth three inches thick.

20. * frasil — Description given; . . . . from a previous burning.

21. boucher — Antonym of **ouvrir**; . . . .

22. broussailles — With what would you *start* a fire in a forest if you had no paper? . . . .

23. tracas — Synonym of **fatigues, difficultés,** etc. . . . .

24. âcre — Can you find the cognate? Does it fit black, thick smoke?

25. claies d'osier — Impossible to guess. You may answer: something to cover the apparatus with in order to. . . . . Look at the key.

26. éventre — What must you do to see the inside of a thing which has no opening?

27. mûre   This is a simile. Replace it by the one com-
                            monly used in English; you say black
                            as . . . .

EXTENDED MEANINGS OF A WORD

The following exercises illustrate the many different, often
figurative meanings which a word may have. You will realize the
importance of the context for ascertaining these meanings, for
the dictionary does not always give all of them. Try to guess from
the context the different meanings of the following words.

Exercise 34. The word *jour*

1. Dans une année il y a 365 **jours.**

2. En été, il fait **jour** dès cinq heures du matin.

3. Elle a **donné le jour** à sept enfants, trois garçons et quatre
filles.

4. Devenu vieux, il se retira des affaires et alla **finir ses jours**
dans son village natal.

5. Il ne cessa de lutter pour la liberté jusqu'à **son dernier jour.**

6. Je l'attends **d'un jour à l'autre,** et tout est prêt à le recevoir
quand il viendra.

7. Les motifs cachés, les intrigues ont commencé à **se faire jour**
avec la publication de ses mémoires.

8. Les pauvres gens vivent souvent **au jour le jour,** ne sachant
pas toujours d'où viendra le pain du lendemain.

9. Il a essayé de présenter son cas dans les journaux **sous un jour favorable.**

10. Je n'aime ni les mystères ni les intrigues; j'aime les choses faites **au grand jour.**

11. Le commerçant doit **tenir à jour** ses livres de comptes.

12. La maison était si mal bâtie qu'il y **avait du jour** entre les planches.

Exercise 35. The word *tenir*

1. Elle **tient** un livre à la main.

2. Elle **tient bien** sa maison et tout y est d'une grande propreté.

3. Je le **tiens pour** un honnête homme, si vous voulez mon opinion.

4. Très timide, elle **tenait les yeux baissés.**

5. "Pauvre orphelin, dit-il très ému, ma maison vous est ouverte et je vous **tiendrai lieu de père."**

6. **"De qui tenez-vous** cette nouvelle?—Je la tiens de mon oncle qui a été lui-même témoin de la chose."

7. Il était très obstiné et **tenait à** son opinion.

8. Nous sommes voisins; ma maison **tient à** la sienne.

9. Ce phénomène **tient à** des causes inconnues.

10. Cet enfant est arrogant; il **tient cela de** son père.

11. Elle **se tenait** immobile, debout près de la porte.

12. J'irai me renseigner directement, car je veux savoir **à quoi m'en tenir** là-dessus.

13. Modeste et discrète, elle **savait se tenir à sa place.**

14. Il ne se tient pas pour battu, et il a demandé qu'on recompte les votes.

15. Elle ne pouvait pas se tenir en place, tant elle était inquiète et agitée.

Exercise 36. The word *haut*

1. Les murs du château étaient hauts de soixante pieds.

2. C'était un homme de haute taille, aux épaules larges et puissantes.

3. Lisez ce passage à haute voix je vous prie.

4. Quand elle a entendu l'affreuse nouvelle, elle a jeté de hauts cris.

5. C'était un homme haut en couleurs, d'apparence robuste.

6. Il la regarda de haut en bas, insolemment.

7. Vous trouverez ce mot au haut de la page 63.

8. Il y a des hauts et des bas dans la vie; il faut s'y résigner.

9. Il gouvernait ses domestiques haut la main et ne souffrait pas la moindre impertinence.

10. Il l'a d'abord pris de fort haut, mais quand il a vu qu'on avait la preuve de son vol, il est devenu tout humble et tout soumis.

11. Elle est en haut; je l'entends marcher dans sa chambre.

12. Dans les musées modernes la lumière vient d'en haut.

CHAPTER V

A Study of Important Key Words

A. PREPOSITIONS AND CONJUNCTIONS

Concurrently with the understanding of the meaning of words, an understanding of their relationship in a sentence is an essential requirement for good reading. Fortunately, between French and English there exists a close enough similarity in the patterns of sentence structure to permit the direct transfer of linguistic experience. If the transfer does not take place as easily as it should, it is often due to the fact that the meaning of the words which indicate such relationships, such as prepositions and conjunctions, are not always as well known as they ought to be. Although most of them fall well within the limits of a basic vocabulary, experience shows that their study is often neglected. Yet they are extremely important, for they express the nuances of our thoughts, link our ideas, and give them logical sequence. Without understanding their meaning *exactly,* the reader runs the danger of misinterpreting a sentence. In scientific reading, ignorance of these words implying relationships of cause, effect, restriction, purpose, manner, etc., would be disastrous. Consequently, of all parts of speech, conjunctions and prepositions must be especially well known; their meaning can seldom be guessed from the context, while on the other hand they help ascertain the meaning of many unknown words in a sentence. They are not very numerous, and the student would do well to study them as carefully as possible.

As an illustration of the importance of prepositions and conjunctions for expressing subtle differences in meaning, we have connected the two parts of the same sentence with different conjunctions. Translate each sentence, noting the differences of meaning due to the choice of the conjunction.

Exercise 37

1.	Il l'épousera	*parce qu'*	elle a une petite dot.
2.	Il l'épousera	*si*	elle a une petite dot.
3.	Il l'épousera	*puisqu'*	elle a une petite dot.
4.	Il l'épousera	*quand*	elle aura une petite dot.
5.	Il l'épousera	*attendu qu'*	elle a une petite dot.
6.	Il l'épousera	*pourvu qu'*	elle ait une petite dot.
7.	Il l'épousera	*dès qu'*	elle aura une petite dot.
8.	Il l'épousera	*à condition qu'*	elle ait une petite dot.
9.	Il l'épousera	*même si*	elle n'a qu'une petite dot.
10.	Il l'épousera	*malgré qu'*	elle n'ait qu'une petite dot.

In French as in English there are no strict lines of demarcation between adverbs, prepositions and conjunctions and the same word may fulfill several functions.

1. Je ne l'ai pas revu **depuis**. (adv.) (*since*)
 Je ne l'ai pas revu **depuis** l'année dernière. (prep.) (*since*)
 Je ne l'ai pas revu **depuis** qu'il a quitté son village.

(conj.) (since)

2. Ne faites pas cela **avant**, mais après. (adv.) (*before*)
   Avant d'écrire apprenez à penser. (prep.) (*before*)
   Servez-vous de ce livre **avant que** mon père ne vous le réclame.
   (conj.) (*before*)

3. **Comme** on fait son lit, on se couche. (adv.) (*as*)
   Comme il pleuvait, ils rentrèrent à la maison. (conj.) (*because*)

4. **Cependant**, il continuait de manger avec appétit.
   (adv.) (*meanwhile*)
   Il n'était pas riche, **cependant** il trouvait le moyen d'être
   charitable. (conj.) (*yet*)

5. Mangeons d'abord, vous me raconterez cela **après**.
   (adv.) (*afterwards*)
   Après le dîner, nous sommes allés au théâtre. (prep.) (*after*)
   Tout le monde applaudit **après qu'**il eut parlé. (conj.) (*after*)

Many prepositions are differentiated from the adverb by the
adjunction of **de**:

   C'est assez **loin**, à plus de deux cent kilomètres. (adv.) (*far*)
   Loin de vous, je suis remplie d'inquiétude.
   (prep.) (*away from*)

Subordinating conjunctions are mostly formed by the adjunction of **que**:

   a. to adverbs:
       Je l'ai appelé et il est venu **aussitôt**. (adv.) (*immediately*)
       Il est venu **aussitôt que** je l'ai appelé. (conj.) (*as soon as*)
   b. to prepositions:
       Apprenez l'anglais **afin de** l'enseigner.
   (prep.) (*in order to*)
       Apprenez l'anglais **afin que** vous puissiez l'enseigner.
   (conj.) (*so that*)

Observe the difference in meaning of the following expressions:

1. Il y avait **de** vingt **à** trente personnes. (*from ..... to .....*)
   Dois-je préparer à dîner **pour** vingt **ou** trente personnes?

   (for ..... or for.....)

2. Je ne le ferai pas **à moins qu'**elle n'insiste. (*unless*)
   S'il n'a pas réussi, **du moins** il a fait de son mieux. (*at least*)

3. Vous êtes **beaucoup** plus riche que moi. (*much*)
   Vous êtes **de beaucoup** la personne la plus importante de la
   ville. (*by far*)

4. Elle s'en ira **ailleurs** faire de nouvelles dupes. (*elsewhere*)
   Il ne lui écrivait plus; **d'ailleurs** ils avaient cessé de se voir.

   (besides)

5. Il est malheureux **parce qu'**il est méchant. (*because*)
   Par ce qu'un homme fait, on peut juger de son caractère.

   (by what)

6. **Quoique** très faible, il a voulu se remettre en route. (*although*)
   Quoi qu'il arrive, ayez toujours confiance en moi.

   (no matter what)

7. Elle le regardait **de travers**, d'un air malveillant. (*askance*)
   Elle le regardait **à travers** les branches. (*through*)

8. **Quant** à cette affaire, je m'en charge. (*as for*)
   Il l'épousera **quand même**. (*nevertheless*)

Exercise 38

Conjunctions and prepositions indicate relationships such as
cause, purpose, restriction, manner, comparison, etc. The sentences below illustrate such relationships. Study them carefully.

a. Causes

1. Il est venu **parce qu**'il voulait assister au mariage.

2. Nous aimons cette maison **à cause de** sa situation.

3. Elle était trop coûteuse; **c'est pourquoi** je l'ai vendue.

4. Je le ferai **puisqu**'il ne peut pas le faire.

5. On nous aime **pour** nos bonnes qualités.

6. Dites-moi adieu **car** je ne reviendrai plus.

b. Purpose

1. Donnez aux pauvres **afin de** soulager leur misère.

2. Il travaille **pour** obtenir de bonnes notes.

3. **Pour que** ce travail soit utile il faut le faire avec **soin**.

4. Fermez tout à clef **de peur** d'être volés.

5. Donnez-lui votre fille **afin qu**'il soit heureux.

c. Restriction

1. Remerciez-les, **quels qu**'ils soient.

2. **Si** grands **que** soient les rois, ils sont ce que nous sommes.

3. **Quoique** amis, je ne puis faire cela pour vous.

4. Il est entré dans la ville, **malgré** la défense du roi.

5. **J'ai beau crier**, il ne m'entend pas.

6. Il refusera, **à moins qu**'elle ne le demande elle-même.

7. Il ne réussit à rien **bien qu**'il se donne beaucoup de mal.

8. Il pourra l'obtenir **pourvu qu**'il ait assez d'argent.

d. Manner

1. Allons, répondez **sans** vous fâcher; est-ce vrai?

2. Il l'a fait **avec** beaucoup de bonne humeur et de bonne grâce.

3. Il le lui a donné **sans que vous** le sachiez.

4. **Comme** le soir baissait, l'homme arriva au bord de la mer.

e. Comparisons

1. Un homme **tel que** moi ne peut s'exposer au ridicule.

2. Je travaillerai **tout comme** un autre.

3. On pleure **de même** qu'on rit, sans savoir pourquoi.

4. **Ainsi que** la vertu, le crime a ses degrés.

5. **Moins on** pense et **plus on** parle.

6. **D'autant** plus belle **qu'elle** est modeste.

Exercise 39

In the following sentences learn carefully the meaning of each of the prepositional or conjunctive expressions which you do not know.

1. Il a dit cela, **parce que** vous l'avez fâché.

2. **D'après** ce qu'il dit, je vois que c'est vous qui avez raison.

3. Nous commencerons **quand** il vous plaira.

4. Il est arrivé **comme** nous allions nous mettre à table.

5. Il doit venir nous voir, **soit** aujourd'hui **soit** demain.

6. Remplissez les verres **à mesure qu'**on les videra.

7. Il a écrit cette lettre **ainsi qu'**il vous l'avait promis.

8. Il travaillait **tandis que** vous perdiez votre temps.

9. **Faute d'**argent il n'a pu faire ce voyage.

10. Il me le donnera, **attendu que** je le veux.

11. **Tant qu'**elle sera là, je n'irai pas.

12. Il accepte toutes les conditions, **hormis** la dernière clause.

13. Il l'épousera **en dépit de** l'opposition de son père.

14. Qu'arrivera-t-il, **selon** vous, si on ne respecte pas ce traité?

15. Ils purent s'échapper **à la faveur** de la nuit.

16. **A force de** le répéter, il a fini par le croire.

17. Il a réussi, mais **au prix de** quels efforts!

18. Ne faites pas cela **de peur de** lui déplaire.

19. Envoyez-moi **sans faute** l'argent que vous me devez.

20. Il a obtenu cette situation **grâce à** votre intervention.

21. Il se sentait mal à l'aise **parmi** ces étrangers.

22. Il s'est assis tout **vis-à-vis** de moi.

23. Cet homme est maintenant **hors de** danger.

24. Il a de nombreuses dettes **outre** celle qu'il vous doit.

25. Il y a consenti, **moyennant** une grosse somme d'argent.

26. **Lors même que** vous seriez le roi, vous ne passerez pas.

27. **Supposé que** vous gagniez le million, que feriez vous de tout cet argent?

28. Nous l'invitons de temps en temps, **non pas** que nous soyons amis intimes, mais il nous a rendu service autrefois.

29. **Non seulement** les juges, **mais encore** le public lui donnait raison.

30. Je n'y suis pas allé, **vu que** je n'ai pas reçu d'invitation.

B. *A STUDY OF THE DIFFERENT MEANINGS OF THE WORD* "QUE"

The word "que" has so many meanings in French and is used so frequently that it has seemed advisable to make a special study of its uses and meanings.

1. **Que** *is a pronoun:*

Que voulez-vous? (*what*)
L'homme **que** vous voyez est mon père. (*whom*)
Le livre **que** vous lisez est à moi. (*which*)
Il sait ce **que** vous aimez. (*what, that which*)
Qui que tu sois, ami ou ennemi . . . (*whoever*)
Quoi que vous fassiez . . . (*whatever*)
Quels qu'ils soient . . . (*whatever*)

2. **Que** *is a conjunction:*

The most frequent meaning of the conjunction **que** is "that," but it assumes also on many occasions the meaning of other conjunctions.

Il sait **que** vous êtes là. (*that*)
Je voudrais **que** vous fassiez cela pour moi. (*that*)
Qu'il vienne **ou qu'**il ne vienne pas . . . (*whether*)
Venez **que** je vous le montre. (*so that*)
Je ne puis faire un pas **qu'**il ne me suive. (*without*)
Je n'irai point **que** tout ne soit payé d'avance. (*unless*)
Un jour **que** je me promenais . . . (*when*)

Que is used also in order to avoid repeating a conjunction already used in the sentence and in that case assumes the same meaning.

S'il fait beau et **que** j'aie le temps, j'irai. (*if*)
Puisque vous êtes là et **que** vous avez le temps, restez à dîner.
(*since*)
Quand on est jeune et **qu'on** se porte bien, on oublie la fatigue.
(*when*)
Comme il était tard et **qu'on** était fatigué, on est allé se coucher.
(*as*)

3. **Que** *is used as a term of comparison:*

Il est **aussi** grand **que** vous. (*as . . . as*)
Il est **plus** grand **que** vous. (*than*)
Il en a **plus que** je n'en ai. (*than*)
Il en a **autant que** moi. (*than*)
Il est **moins** heureux **que** n'ont été ses parents. (*than*)

4. **Que** *is used to indicate the imperative mood, in the third person:*

Qu'il vienne! (*let him*)
Que votre volonté soit faite. (*may*)
Qu'on imagine pour l'instant que . . . (*let us . . .*)

5. **Que** *is used in exclamatory sentences:*

Que vous êtes joli! (*how pretty . . .*)
Que de gens! (*such a lot of*)

6. **Que** *is used in some idiomatic expressions such as:*

Que ne vient-il pas lui-même? (*why*)
Je pense **que** oui. (expletive) (*I think so*)
Si j'étais **que** de vous. (expletive) (*If I were you*)
Que si l'on dit ceci, l'on aura tort. (expletive) (*if . . .*)
Je n'ai **que** deux francs. (*only*)
Il ne fait **que** de rentrer. (*He has just come back*)
Je n'ai **que** faire de tout cela. (*I have no use for . . .*)
Quoi qu'il dise on ne le croira pas. (*no matter what*)
Il y a dix ans **qu'il** est mort. (*ten years ago*)
De ce **que** vous me voyez debout, vous en concluez que je vais
                                        mieux? (*from the fact that . . .*)
Ce **que** voyant, il s'est enfui. (*seeing which . . .*)
Il ne fait **que** chanter le même air du matin au soir.

                                        (*he keeps singing continually*)

Exercise 40

Translate the words or expressions in boldface in the following sentences.

1. Cet homme est plus brave **que** prudent.

2. **Que** je suis content!

3. Je crois **que** Pierre est plus intelligent **que** Paul.

4. L'homme **que** vous avez blessé est mon père.

5. **Que** dites-vous?

6. Faites ce **que** vous voulez.

7. Il est plus vieux **que** vous ne croyez.

8. **Quoi qu'**il fasse, il n'obtiendra rien de moi.

9. S'il vient et **que** je le voie, je le lui dirai.

10. C'est le petit livre bleu **que** je préfère.

11. **Qu'**il fait donc chaud aujourd'hui!

12. **Qu'**il ait tort **ou qu'**il ait raison, cela n'a pas d'importance.

13. Je ne partirai point **que** tout ne soit terminé.

14. Si j'étais **que** de vous, je partirais tout de suite.

15. **Il y a trois ans qu'**il est à Paris.

16. Quand il entrera et **qu'**il me verra ici, **que** dira-t-il?

17. Je ne puis dire un mot **qu'**il ne se fâche.

18. Ma chère fille, souvenez-vous **que** je **n'ai que** vous au monde.

19. Il **ne fait que répéter** sans cesse la même histoire.

20. Il s'étonne **de ce que** je sois encore en vie.

21. **Je n'ai que faire de** tous ces papiers; brûlez-les.

22. **Que** vous le vouliez ou non, cela se fera et vous ne pourrez pas l'empêcher.

23. **Que** ne se présente-t-il lui-même devant l'Assemblée pour expliquer les raisons de sa décision?

24. **Que** la société fût mêlée, comme l'avait annoncé Sangrin, il n'était pas nécessaire d'écouter longtemps les conversations pour s'en assurer.

25. Je résolus, **quels que** fussent mes périls à venir, de n'avoir plus d'autre arme que cette petite canne d'enfant.

26. **Qu'il** s'agît d'un devoir de français, de latin ou d'algèbre, il avait, en depit de sa médiocrité, un juste sentiment de la valeur du travail des autres.

27. **Qu'un** de ses soldats ait pu sortir du camp sans permission était une chose si inconcevable, **que**, lorsqu'il rencontra Edouard, il n'eut même pas l'idée de lui demander son laissez-passer.

28. **Qu'on** se figure maintenant les circonstances parmi lesquelles a grandi M. Taine et on comprendra ce **que** la société a pu fournir à son imagination philosophique.

29. **De ce que** le philosophe ne calcule pas les effets de sa doctrine, il ne s'ensuit pas **que** cette doctrine soit absolument indépendante du milieu où elle a été formée.

30. **Qu'on** n'aille point chercher de la magnanimité dans les Etats despotiques; le prince n'y peut donner une grandeur **qu'il** n'a pas lui-même; chez lui il n'y a point de gloire.

31. Je **ne** pourrai me faire comprendre **que** lorsqu'on aura lu les quatre chapitres suivants.

32. **Que** si l'on découvre des mines si abondantes **qu'elles** donneront plus de profit, plus elles seront abondantes, plus tôt le profit finira.

33. Il vaudrait mieux **que** vous achetiez cette maison **que** de la louer.

C. PRONOUNS

Pronouns generally stand for nouns which have been previously used in the context. However indefinite pronouns such as **on, quelqu'un, quelque chose, chacun, quiconque,** etc., have no specific antecedent. The same may be said of neuter pronouns which have no antecedents and stand neither for a person, an animal, nor a thing. For instance in the expressions "il fait froid," "il neige," "il est tard," the pronoun "il" is neuter.

Finally the pronoun may stand for an expression or a whole statement as in the following cases:

"Etes-vous le professeur de cet enfant? Je **le** suis." **Le** stands for **le professeur de cet enfant.**

"Rappelez-vous **ceci:** Il vaut mieux se taire que de trop parler." **Ceci** stands for **il vaut mieux se taire que de trop parler.**

Exercise 41

Efficient reading depends on the ability to recognize quickly the antecedent of a pronoun. In the following sentences find the word (or phrase) to which each pronoun refers. Note that several pronouns may have the same antecedent.

1. Il cherchait des yeux le couteau **dont** il se servait habituellement.

2. Si vous n'avez pas assez d'argent moi **j'en** ai beaucoup.

3. Cet homme à **qui** (1) vous avez confié vos affaires n'est pas honnête; ne vous **y** (2) fiez pas.

4. Il avait préparé sa conférence avec soin, car le public **auquel** il s'adressait était un public d'élite.

5. Avez-vous réfléchi aux dangers **qui** (1) vous attendent? Oui, j'y (2) ai bien songé.

6. Ce bois est si dur qu'on **s'en** sert pour bâtir les mâts de navires.

7. Les maisons étaient maintenant presque rebâties; l'église l'était complètement.

8. Il rencontra Suzanne à un bal et **en** devint amoureux fou.

9. Ces pauvres blessés, je **les** avais vus mourir l'un après l'autre.

10. Je paierai cette dette; je vous **en** donne ma parole d'honneur.

11. Il aurait fallu faire **ceci**: vendre la maison et payer vos dettes.

12. Vous n'avez pas de parapluie? Prenez donc **le mien**, je vous prie.

13. Il aurait fallu dépenser beaucoup d'argent; je ne pouvais pas m'y décider.

14. Il voulait, avant de partir, corriger les devoirs de ses élèves **qu'**il avait apportés avec lui.

15. Jean regrettait maintenant ce beau château, **que** (1), trop pauvre pour **le** (2) conserver, **il** (3) avait laissé passer entre d'autres mains.

16. Depuis, Pierre m'écrit souvent; je reçois ses lettres et **les** (1) lis au hasard de la campagne, sur les routes, dans les salles **où** (2) d'autres blessés gémissent, dans les champs **où** (3) la mort passe à tout moment.

17. O Dieu! **qui** (1) avez donné une intelligence à des êtres **qui** (2) semblent si méprisables, l'infiniment petit **vous** (3) coûte aussi peu que l'infiniment grand.

18. Pendant la courte promenade **qu**(1)'il fait à pied, il revoit

avec plaisir les rues qui (2) vont vers la Seine, et les vieilles maisons qui (3) n'ont guère changé pendant son absence.

19. L'employé qui (1) passe jette un regard craintif vers la porte de ce cabinet d'où l'on voit parfois sortir le maître, muet, glacé, l'air important.

20. Ce qu'a été l'attitude du Japon depuis la guerre, je le rappellerai tout à l'heure.

21. Très en colère, le boucher porta à son adversaire un coup de poing formidable qui (1) l(2)' envoya rouler dans le ruisseau où (3) il resta étendu le nez dans l'eau qui (4) se rosissait de son sang.

22. Ces nuages que (1) j'interrogeais tout bas s'étaient formés derrière un horizon que (2) je n'avais jamais dépassé et qui (3) me cachait des mystères, des splendeurs, des joies et des plaisirs sur lesquels (4) je méditais tout bas.

23. Je regardais les trois arbres; je les (1) voyais bien, mais mon esprit sentait qu'ils (2) recouvraient quelque chose sur quoi (3) il (4) n'avait pas prise.

24. Paul voulait éviter à son amie ces malaises que (1), pour sa part, il n'avait jamais ressentis, qui (2) composaient pour lui un monde occulte, à la réalité duquel (3) elle (4) lui (5) avait appris à croire.

25. Cette pauvre femme, abandonnée par Vincent, celle (1) que tu entendais pleurer une nuit près de ta porte, et à qui (2) tu as été bien idiot de ne pas ouvrir [permets-moi de te le (3) dire] c(4)' était celle dont (5) je t'avais raconté l'histoire et que nous avions secourue, ton frère et moi.

26. Il m'avait évidemment vu, sans le (1) laisser paraître, et je m'aperçus alors que ses yeux, qui (2) n'étaient jamais fixés sur l'interlocuteur, se promenaient continuellement dans toutes les directions comme ceux (3) de certains animaux effrayés.

27. Il racontait qu'une demeure **qui** (1) avait appartenu à sa famille, **où** (2) Marie-Antoinette avait couché, **dont** (3) le parc avait été dessiné par Lenôtre **qui** (4), entre parenthèses, **en** (5) a dessiné fort peu, appartenait maintenant à un riche banquier **qui** (6) l(7)' avait achetée à un prix dérisoire.

28. Le jour **que** (1) Mme de Villeparisis nous mena à Carqueville **où** (2) était cette église **dont** (3) elle avait parlé et **qui** (4), bâtie sur un tertre, domine le village, la rivière **qui** (5) **le** (6) traverse, et **qui** (7) a conservé son petit pont du moyen âge, ma grand'mère, pensant que je serais content de rester seul, emmena son amie goûter chez le pâtissier.

29. Tout salon est un nouvel univers **où** (1), subissant la loi d'une autre perspective morale, on darde son attention, comme si **elles** (2) devaient nous importer à jamais, sur des personnes, des danses, des parties de cartes **que** (3) l'on aura oubliées le lendemain.

A Study of the Sentence

CHAPTER VI

Recognition of the Main Elements of the Sentence

A. RECOGNITION OF THE VERB

The verb is the heart of a sentence, and there are as many clauses in a sentence as there are finite verbs, i.e., verbs in a specific person and tense. It is therefore important that we learn to recognize the verb at a glance.

A finite verb may be composed of one word: **mangea**, or two: **a mangé**, or even three: **a eu mangé.**

Verbs must not be confused with verbals. In French, the *infinitive form*, the *present and past participles,* are verbal forms and do not make a clause.

Exercise 42

In the following exercise, *underscore* all the finite verbs:

1. Il aimait à ne rien faire.

2. Le ciel, tout couvert de nuages, était menaçant.

3. J'ai recouvert le fauteuil d'une jolie soie bleue.

4. Il était fatigué de ces constantes demandes d'argent.

5. Tout en chantant, il était arrivé au bord de la rivière.

6. Ils se précipitèrent, criant et riant tout à la fois.

7. Jouer au tennis demande beaucoup d'adresse.

8. Désolé de ne pouvoir les aider, il s'éloigna tristement.

9. Avant qu'il ait eu prononcé un seul mot, tout le monde l'applaudit.

10. Mélin, après avoir perdu tout son argent, quitta la salle de jeu, désespéré.

11. L'homme, avant de lui répondre, la regarda en silence.

12. Tu diras à Nathalie que c'est moi qui t'envoies et que je la prie de me rendre l'argent que je lui ai prêté.

13. Assis devant la table, Jean mit ses lunettes et prit un coupe-papier pour ouvrir l'enveloppe.

14. Arrivé à ce moment de son récit, comme il cherchait à le prolonger en répétant plusieurs fois ses paroles et ses attitudes, l'arrivée des enfants vint mettre fin à son histoire interminable.

15. Elle sortit en disant à Louise qu'il était temps d'aller à la cuisine faire ces fameux gâteaux dont une tante d'Amérique lui avait donné le secret.

B. RECOGNITION OF THE SUBJECT

The subject of a verb is found by asking the question "who" or "what" (**qui, qu'est-ce qui**) before the verb.

A subject may be a noun, a pronoun, a word or a group of words functioning as a noun. It may even be a whole clause.

A subject can be simple or compound according to whether

there are several persons or things doing the action indicated by the verb.

(Note that in the imperative the subject is not expressed.)

Exercise 43

In the following sentences, find the subject of the boldface, numbered verbs. (If the subject is a relative pronoun, give the antecedent.)

1. Gagner de l'argent **était devenu** chez lui une véritable obsession.

2. Quelqu'un qui **se trouvait** (1) au fond de la salle **interrompit** (2) le sénateur.

3. L'un et l'autre **ont fini** (1) par avouer qu'ils **avaient** (2) tort.

4. Ceux qui **seront** (1) en retard **n'entreront** (2) pas.

5. Cependant dans cette société si bien organisée, **se présentent** sans cesse des problèmes inattendus.

6. C'**est** (1) un homme que ne **respecte** (2) personne.

7. C'**est** (1) un homme qui ne **respecte** (2) personne.

8. Certains **disent** (1) que cette histoire n'**est** (2) qu'une légende.

9. Quiconque **flatte** (1) ses amis les **trahit** (2).

10. C'**est** (1) aux cœurs courageux que **sourit** (2) la fortune.

11. Elles **avaient** (1) ces fausses apparences que nous **inspirent** (2) les choses vues de loin.

12. Je **demandai** (1) à ma mère d'où nous **était tombé** (2) ce pauvre petit homme.

13. **Seront admis** à se présenter à l'examen les candidats ayant obtenu une moyenne de dix aux épreuves écrites.

14. **Venaient** ensuite deux grands bonshommes de haute taille, traînant un mulet derrière eux.

15. Hier soir **s'est répandue** une nouvelle des plus inattendues.

16. Tout ce qui **vit** (1) se **modifie** (2) sans cesse, mais insensible-ment.

17. J'**avais** (1) conscience qu'un monde d'idées et de sentiments que je ne **devais** (2) pas tarder à découvrir **m'était fermé** (3).

18. Ils **se mettent** (1) à voir les choses de la réalité, telles que **s'est plu** (2) à les figurer le novateur.

19. Ce que, dans son ignorance, Marie **avait révélé** (1), **causa** (2) une querelle de famille effroyable.

20. Aller et venir à son gré, travailler dans son jardin, boire un verre avec son voisin **était** (1) tout ce qu'il **demandait** (2) à la vie.

21. Qu'est-ce (1) que l'estime, sinon un sentiment que nous **inspire** (2) ce qui **est** (3) utile à la société?

22. Ses étourderies de jeune fille, sa gaieté et sa bonne humeur qui **l'inclinaient** (1) facilement à la raillerie, son aversion pour les gens ennuyeux, **contribuaient** (2) à lui faire beaucoup d'**ennemis** à la cour.

23. Aussi n'est-il (1) pas de petites infamies et même de grandes que ne **se permettent** (2) en pareil cas et sans le moindre scrupule, les plus honnêtes gens du monde.

24. Mais le vent, la mer haletante, le soleil brûlant, le mur-mure des herbes **laissaient** le village à sa paix profonde.

25. Sa face vieillotte, ses petites mains potelées, sa personne dodue comme un rat d'église, son corsage trop plein et qui **flotte** (1), **sont** (2) en harmonie avec cette salle qui **exhale** (3) le malheur.

C. RECOGNITION OF THE DIRECT OBJECT
OR PREDICATE

The predicate is the quality attributed to the subject. Predicates generally follow verbs such as **être, sembler, devenir, paraître,** and sometimes the verbs **rester, demeurer** when their meaning is akin to that of the verb "to be."

The predicate can be an adjective, a verbal, a noun, a pronoun or *any expression or clause* which plays the part of an adjective, as in the following examples:

Il était **intelligent.** (*adjective*)
Il paraissait **être fatigué.** (*verbal*)
Il était devenu **le maire du village.** (*noun*)
Il demeurait **immobile, comme frappé de terreur.** (*phrase*)
Il semblait **qu'il fût changé en statue.** (*clause*)

The direct object is found by asking the question "whom" or "what" (**qui** or **quoi**) after the verb. A direct object may be **a** noun, a verbal, *a phrase or a clause* used as a noun; it can be simple or compound, as in the following examples:

Il mange **une pomme.** (*noun*)
Il veut **chanter.** (*verbal*)
Il veut **finir son devoir.** (*phrase*)
Il a demandé **toutes les clefs de la maison.** (*phrase*)
Il ne voulait pas **qu'on rie de lui.** (*clause*)
Il rapportait **une quantité de légumes et un panier de fruits.**
   (*compound*)

Exercise 44

Underscore the direct object or predicate of the boldface verbs in the following sentences. In the case of pronouns include their antecedent.[1]

1. Fils d'un simple boulanger, Drouot **devint** maréchal de France.

2. En dépit des mauvais traitements, le chien **reste** fidèle à son maître.

3. Il **faut** aller chercher les enfants.

4. Etant jeune, Duguesclin **était** un mauvais sujet.

5. **Faites** aux autres ce que vous voudriez qu'on vous **fît**.

6. On ne **savait** pas où on allait.

7. Mon ambition **est** de terminer ce livre avant de mourir.

8. Je **regrette** que vous soyez à Paris pour si peu de temps.

9. Il ne **pouvait croire** que son ennemi mortel fût en son pouvoir.

10. Les plus grands savants **avouent** qu'ils ne savent pas grand'-chose.

11. Socrates **désirait** que sa petite maison fût pleine de vrais amis.

12. Il **avait dit** à voix basse que rien ne l'empêcherait de partir en même temps qu'elle.

13. Après la chute de Napoléon Ier, les armées étrangères **rétablirent** sur le trône de France le comte de Provence, frère de Louis XVI.

14. Le repas fini, elle **donna** à chaque homme le déjeuner qu'elle avait préparé la veille et une bouteille de vin.

---

[1] When two verbs are usually used together, the combination can be considered as one verb; examples: il **va chercher** les enfants; il **vient ouvrir** la porte; il **fait bâtir** une maison.

15. L'ouvrier des champs a le ciel sur la tête, l'air dans sa poitrine, l'horizon vaste et libre dans ses regards, le spectacle toujours nouveau des saisons.

16. Ses travaux **comportent** mille applications diverses de la pensée humaine, mille emplois des heures et des bras.

17. **Dites**-moi donc qui est cet homme que je rencontre constamment sur mon chemin.

18. L'homme **place** dans son travail toute son adresse, sa force, son exactitude, son habileté.

19. Papa **a dit** en sortant que les vocations d'enfants ne sont pas les meilleures et qu'il formerait la mienne peu à peu.

20. Elle **dit** que les vieilles gens n'ont pas le droit de perdre leur temps.

21. Il y **avait** au sommet des tiges, des graines noires mêlées de duvet blanc.

22. Je **connaissais** ce local, cette voûte basse, ces vieux murs épais de plusieurs pieds, cette vieille table boiteuse appuyée contre la muraille suintante d'humidité, cette fenêtre ronde aux quatre vitres ternes, ce grabat misérable où Zulpick s'étendait pour dormir.

23. Que les remontrances de Rachel aient été la cause brusque du départ de Bernard, c'est ce que Sarah **comprenait** soudain.

D. RECAPITULATION

Exercise 45

1. La vie se passe difficilement d'un but sérieux; elle offre cette contradiction éternelle que, tendant au bonheur, elle ne

peut s'y attacher comme à son objet propre, sans par cela même en détruire les conditions.

    1. What is it that "tend au bonheur"?

    2. What do the pronouns **y** and **en** stand for in the phrases: (a) "elle ne peut s'y attacher . . ."   (b) "sans **en** détruire les conditions . . ."?

    2. —Les mensonges que j'étais obligée de faire, mon imagination les colora bientôt des apparences d'un silence qu'il convenait de garder sur une nécessité inéluctable.

    1. What are the objects of (a) "obligée de faire . . ." (b) "convenait de garder . . ."?

    2. What does the pronoun "les" stand for in "**les** colora . . ."?

    3. Rearrange the words of the sentence in logical order.

    3. Un moment après, trois balles, en la perçant, firent réellement de la serviette un drapeau.

    1. What is the subject of "firent . . ."?

    2. What are the objects of (a) "firent . . ." (b) "perçant . . ."?

    3. Rearrange the words of the sentence in logical order.

    4. Or, de quelqu'un qu'on admire de confiance, on recueille, on cite avec admiration des choses très inférieures à celles que, livré à son propre génie, on refuserait avec sévérité.

    1. What do the boldface pronouns stand for in the following phrases: (a) "**qu'**on admire . . ." (b) "à **celles que** . . ."?

    2. What are the objects of (a) "on recueille . . ." (b) "on refuserait . . ."?

    5. Les dernières années de la reine suffiraient pour racheter mille fois plus de fautes que n'en put commettre, aux années légères, cette personne de grâce et d'élégance et pour consacrer

dans la pitié des siècles, une semblable destinée.

1. Find the subject of "put commettre."
2. Find the objects of (a) "racheter . . ." (b) "consacrer . . ."?
3. What does the pronoun **en** stand for in the phrase "n'**en** put commettre . . ."?
4. Who is this "personne de grâce et d'élégance . . ."?

6. Ce que le poète laisse échapper de sentiments délicats et de réflexions fines sur la vie morale fait regretter qu'il n'ait pas eu plus souvent besoin de tourner au-dedans un œil qui voit si bien et qu'il ait semblé parfois se servir de l'art, comme les Orientaux de l'opium, pour se dérober aux souffrances de la pensée.

1. Find the subjects of (a) "laisse échapper . . ." (b) "fait regretter . . ."
2. Find the objects of (a) "tourner . . ." (b) "fait regretter . . ."
3. What does the pronoun **il** stand for in the phrases (a) "qu'**il** n'ait pas eu . . ." (b) "qu'**il** ait semblé . . ."?

7. La personne est si bien cachée derrière l'auteur, que, si la vie de nos grands poètes n'avait eu de témoins, ou s'il n'était resté d'eux quelques lettres où ils se sont montrés sans le vouloir, à grand'peine pourrait-on, par la conjecture, s'en faire des images nettes d'après leurs ouvrages.

1. Find the subjects of (a) "avait eu . . ." (b) "était resté . . ." (c) "pourrait s'en faire . . ."
2. What do the boldface pronouns stand for in the following phrases: (a) "où **ils** se sont montrés . . ." (b) "s'il n'était resté d'**eux** . . ." (c) "s'**en** faire . . ." (d) "**ils** se sont montrés . . ."?

8. Il est facile de comprendre que la génération nouvelle dont Taine exprimait la foi profonde avec des formules nettes comme un axiome de mathématiques, et vibrantes comme les strophes

d'un hymne ait reconnu en lui l'initiateur, l'homme qui voyait la
terre promise et qui en racontait par avance les rajeunissantes, les
mystérieuses délices.

    1. Find the subjects of (a) "ait reconnu . . ." (b) "racon-
tait . . ."

    2. What do the boldface pronouns stand for in the follow-
ing phrases: (a) "**dont** Taine . . ." (b) "ait reconnu en **lui** . . ." (c) "**en** racontait . . ."?

    3. Find the objects of (a) "ait reconnu . . ." (b) "racon-
tait . . ."?

    9. Souvent, aux Oublis, après avoir été avec ma mère au
bord de l'eau pleine des jeux du soleil et des poissons, pendant
les chaudes heures du jour, je rêvais avec confiance à cet avenir
qui n'était jamais assez beau au gré de son amour, de mon désir
de lui plaire, et des puissances d'imagination et de sentiment qui
s'agitaient en moi, appelaient tumultueusement la destinée où
elles se réaliseraient et frappaient à coups répétés à la porte de
mon cœur comme pour l'ouvrir et se précipiter hors de moi, dans
la vie.

    1. Find the subjects of the following verbs: (a) "appe-
laient . . ." (b) "frappaient . . ."

    2. What do the boldface pronouns stand for in the follow-
ing phrases: (a) "désir de **lui** plaire . . ." (b) "où
elles se réaliseraient . . ." (c) "pour **l'**ouvrir . . ."
(d) "**qui** n'était jamais . . ."?

    10. Lorsqu'après une longue absence, fatigué de sa fantaisie et
comme désespéré de lui-même, l'enfant prodigue, du fond de ce
dénûment qu'il cherchait, songe au visage de son père, à cette
chambre point étroite où sa mère au-dessus de son lit se penchait,
à ce jardin d'eau courante mais clos, et d'où toujours il désirait
s'évader, à l'économe frère aîné qu'il n'a jamais aimé, mais qui
détient encore, dans l'attente, cette part de ses biens que, prodigue, il n'a pu délapider, l'enfant s'avoue qu'il n'a pas trouvé le

bonheur, ni même su prolonger bien longtemps cette ivresse, qu'à défaut de bonheur, il cherchait.

1. Find the subjects of (a) "songe au visage . . ." (b) "se penchait . . ."

2. Find the objects of (a) "qu'il cherchait . . ." (b) "il n'a jamais aimé . . ." (c) "il n'a pu délapider . . ." (d) "qui détient . . ." (e) "il cherchait . . ."

3. What do the boldface pronouns stand for in the following phrases: (a) "**où** sa mère . . ." (b) "**d'où** toujours . . ." (c) "**qui** détient . . ." (d) "cette part de ses biens **que**, prodigue . . ." (e) "**il** n'a **pu** délapider . . ."?

CHAPTER VII

Understanding Sentence Structure

A. THE STRUCTURE OF THE SIMPLE SENTENCE

A simple sentence consists of *one* finite verb and its subject (not always expressed, as in the case of the imperative mood). It may or may not have other complements or modifiers.

Complements of the verb other than the direct object are sometimes called objects of prepositions because they are connected to the verb by a preposition. Modifiers are adjectives and adverbs or *any phrase which plays the part* of an adjective or an adverb.

Adjectives and adverbs offer little difficulty in reading, but verbals and phrases *playing the part* of adjectives and adverbs are sometimes a little difficult to recognize. In order to read efficiently one must learn to "box off" quickly these elements and treat them as if they were a *single big word* and to recognize at once their function in the sentence.

Let us analyze for instance the different elements of the following sentence: "Assise derrière la fenêtre, Amanda regardait avec tristesse son petit arbre blanc secoué brutalement par le vent."

In rapid reading the eyes must grasp first the main elements of the sentence, i.e. the subject, verb and object: "Amanda . . . regardait . . . son petit arbre blanc . . ."

This is the first stage in reading; later the modifiers group themselves naturally around the main elements of the sentence, thus:

Main elements:	Modifiers:
Amanda	assise derrière la fenêtre
regardait	avec tristesse
son (petit) arbre (blanc)..........	secoué brutalement par le vent

It should be noted that the subject may be compound and that more than one complement may follow the verb. Let us consider the following sentence: "Des glissements, des bruits, des froissements à peine perceptibles se devinaient, à droite et à gauche, sous les pierres chaudes et dans les hautes herbes."

	Main elements:	Modifiers:
Subject (compound):	des glissements des bruits .... à peine perceptibles des froissements	
Verb:	se devinaient	à droite et à gauche sous les pierres chaudes dans les hautes herbes

A single sentence can sometimes become very involved through the use of verbals. The placing of its various elements in their proper order and the understanding of their relationship can be greatly facilitated by asking questions such as: *what, where, how, to whom, for what,* etc. Here is an example of such a sentence: "Quinze ans après l'événement, Mme de La Fayette, reprenant son manuscrit interrompu, s'est donné la pieuse mission, à l'égard de son amie, de le terminer, en retraçant d'une main tremblante encore, la mort pathétique de Madame, dans un récit re-marquable de simplicité, de force et de grandeur."

Procedure: Let us find the three main elements; the only finite verb is "s'est donné"; its subject: "Mme de La Fayette"; its object: "la mission de le terminer."

	Main elements:	Modifiers:
Subject:	Mme de La Fayette......	reprenant le manuscrit interrompu
Verb:	s'est donné	
	(*quand?*)	quinze ans après l'événement
	(*a l'égard de qui?*).....	à l'égard de son amie
Object:	la mission de terminer	
	(*quoi?*)	le [manuscrit]
	(*comment?*)	en retraçant
		(*quoi?*) ...... la mort pathétique de Madame
		(*où?*) .... dans un récit remarquable de simplicité, de force et de grandeur
		(*comment?*) .. d'une main tremblante

Exercise 46

In the following simple sentences, isolate the main elements (subject, verb, object, or predicate) from their modifiers, as was done in the previous examples.

1. Désireux de conserver ses forces pour la lutte du lendemain, Pierre mangeait résolument sa soupe au fromage, sans écouter la conversation de ses compagnons.

2. Vers le milieu de la nuit, un fort coup de vent, venant de l'Est et annonçant la neige, vint secouer les murs de la cabane.

3. Tout à coup, à quelques pas devant lui, à peine perceptible dans les demi-ténèbres, quelque chose de noir et de gigantesque s'abattit lourdement sur le sol avec un bruit sourd.

4. En face de lui, le nez dans son journal, un monsieur distingué et à l'air très doux réprimait avec peine un sourire ironique à la vue de ce voyageur bizarre.

5. Dans les forêts, toutes rougies par les gelées de l'hiver, de jeunes pousses d'un vert très tendre annonçaient déjà l'arrivée du printemps.

6. Pendant l'interrogatoire, l'accusé, ne comprenant rien aux questions, a soutenu son innocence avec opiniâtreté.

B. *THE STRUCTURE OF THE COMPLEX SENTENCE*

A complex sentence contains several clauses and it is important to learn to distinguish them and to grasp their relationships quickly.

There are as many clauses as there are *finite verbs.*

There are two kind of clauses:

1. *Main* clauses (also called independent or principal clauses).
2. *Subordinate* clauses (also called dependent clauses).

A main clause expresses within itself a complete thought and can stand alone as a simple sentence.

A subordinate clause cannot stand alone; it depends upon the rest of the sentence for its meaning.

Subordinate clauses function in a sentence pretty much as

words or phrases do in a clause; they may play the part of adjectives, adverbs or nouns and are called accordingly adjective clauses, adverbial and noun clauses. Just as we learned to "box off" sentence fragments in a simple sentence and to treat them as if they were one word, so we must learn to "box off" subordinate clauses according to their function and to refer them to the word which they modify or complete in the main clause.

Adjective clauses known also as *relative clauses* are generally introduced by a relative pronoun (**qui, que, quoi, dont, où, lequel**); they modify the antecedent of that pronoun:

Une petite fille **qui passait dans la rue** a été renversée par la bicyclette.
La maison **devant laquelle il s'arrêta** était vieille et délabrée.
J'ai vu le jeune homme **que vous m'avez recommandé.**
La pauvre femme **dont vous m'aviez parlé** est maintenant à l'hôpital.
La rue où habitait mon grand père n'existe plus.

Adverbial and *noun clauses* are generally introduced by a subordinating conjunction (such as: **que, comme, si, quand,** etc. [and most of the conjunctions formed with que]). Such clauses may modify the *verb* (manner, time, place, etc.), and in that case they are called *adverbial clauses,* or they may play the part of *objects of verbs or prepositions* and are called *noun clauses.*

Adverbial clauses generally add an idea of time, manner, place, and are easily found by asking the question "comment?" "quand?" "où?" etc. after the verb:

Les goûts changent (*quand?*) **quand on vieillit.**
Il aurait voulu le faire (*comment?*) **sans qu'on le sache.**
Il jura de le poursuivre (*où?*) **partout où il irait.**

Noun clauses (found by asking the question "quoi, à quoi, pour quoi" etc.):

Dites-moi (*quoi?*) **ce que vous voulez.**

Il consent (*à quoi?*) **à ce que vous veniez.**

Il travaillera toute la journée (*pour quoi?*) **pour que vous soyez satisfait.**

Il aurait voulu (*quoi?*) **que la chose se fasse en secret.**

The diagram of a complex sentence is pretty much the same as that of a simple sentence, except that clauses are used as complements or modifiers instead of words or phrases.

As an illustration, let us borrow from the preceding chapter the following simple sentence:

"Assise derrière la fenêtre, Amanda regardait avec tristesse son petit arbre blanc, secoué brutalement par le vent."

We can change this simple sentence into a complex one if we replace the verbal expressions by equivalent subordinate clauses which will play the same part in the sentence, thus:

"Amanda, qui était assise derrière la fenêtre, regardait avec tristesse son petit arbre blanc, qui était secoué brutalement par le vent."

The meaning is the same and the diagram of the sentence will remain as before:

	Main clause	Modifiers
Subject:	Amanda	qui était assise derrière la fenêtre
Verb:	regardait	avec tristesse
Object:	son petit arbre blanc	qui était secoué brutalement par le vent

The same can be done with sentences 4 and 6 of Exercise 46, in the following manner:

"Un monsieur distingué et à l'air très doux, qui était assis en face de lui et qui avait le nez dans son journal, réprimait avec

peine le sourire ironique que lui causait la vue de ce voyageur .
bizarre."

	Main clause	Modifiers
Subject:	Un monsieur..............	distingué et à l'air très doux qui était assis en face de lui qui avait le nez dans son journal
Verb:	réprimait	avec peine
Object:	le sourire ironique........	que lui causait la vue de ce voyageur bizarre

"Quand on l'a interrogé, l'accusé, qui ne comprenait rien aux
questions, a maintenu avec opiniâtreté qu'il était innocent de
ce crime."

	Main clause	Modifiers
Subject:	l'accusé	qui ne comprenait rien aux questions
Verb:	a maintenu	quand on l'a interrogé avec opiniâtreté
Object:	qu'il était complètement innocent de ce crime	

Coordinate clauses

Main clauses or subordinate clauses can be joined together by
a coordinating conjunction such as **et, ou, ni, mais, or, car, donc,**
etc., or by an adverb used as a coordinating conjunction such as
aussi, ainsi, d'ailleurs, cependant, puis, etc. Such clauses are
called coordinate clauses; thus we can have several coordinate

main clauses, or several coordinate subordinate clauses, etc.

Long involved sentences generally consist not only of several coordinate main clauses having their subordinates, but these subordinates can in turn have their own subordinates which in turn may have others. Moreover, since several clauses, main clauses or subordinate, may also be coordinate with each other, the whole sentence may thus present an intricate pattern which must be understood clearly and quickly if one is to become an efficient reader.

As an example let us add to one of the sentences previously diagrammed one or two more clauses:

"Quand on l'a interrogé, l'accusé, qui s'exprimait difficilement et qui semblait ne rien comprendre aux questions que le juge lui posait, a maintenu qu'il ne savait rien et qu'il était complètement innocent du crime dont on l'accusait."

	One main clause	*Modifiers*
		qui s'exprimait difficilement (et)
Subject:	l'accusé	
		qui ne semblait rien comprendre aux questions
		(que le juge lui posait)
Verb:	a maintenu ....quand on l'a interrogé	
Objects:	qu'il ne savait rien (et)	
	qu'il était complète-ment innocent du crime	
	(dont on l'accusait)	

Another example:

"Ce jour-là, qui devait être pour moi le jour de mon affranchissement, une révolution, qui grondait sourdement dans mon esprit depuis quelques mois, éclata tout à coup et changea complètement ma manière d'être avec ma tante que je cessai de craindre et à laquelle je refusai toute obéissance."

	Two main coordinate clauses	*Modifiers*
Subject:	une révolution	qui grondait sourdement dans mon esprit depuis quelques mois

Verb: éclata . . . . {tout à coup
                                              {ce jour-là
                                                   |
         et   qui devait être pour moi
                                              le jour de mon affran-
                                              chissement

Subject
(understood): [une révolution]
Verb: changea . . . . complètement
Object: ma manière d'être avec ma tante
                           |
              que je cessai de craindre (et)
              à laquelle je refusai toute
                  obéissance

Exercise 47

Make the same kind of diagram as above for the following sentences:

1. Il examina d'un air joyeux le couvert où brillait l'argenterie, avala son potage sans cesser de parler, fit en riant des compliments à Suzanne qui en devint rouge de plaisir et poussa de véritables cris de joie à l'apparition du poulet rôti.

2. Lorsqu'elle eut fini, elle se demanda avec inquiétude ce que serait le lendemain quand la faim se ferait de nouveau sentir.

3. Perrine, qui ne quittait pas des yeux son grand-père qui marchait péniblement appuyé sur une canne, n'avait pas encore jeté les yeux sur la voiture qu'on venait d'amener devant la porte.

4. Ce que j'avais dit rendait inutiles les efforts qu'elle avait faits jusqu'alors pour me cacher son humble origine.

5. Quand la lumière fut éteinte et que la chaumière fut noire, on entendit dans l'obscurité une voix douce de petite fille qui disait sa prière en Breton.

Rapid Reading with a Purpose

RAPID READING IS
the speedy discovery of the answer to a question in the reader's mind. Merely racing over words or pages, gaining insufficient or inaccurate impressions is not rapid reading, for rapid reading is very different from careless reading. In rapid reading, you read for some definite and limited purpose which you must keep definitely in mind all the time.

Rapid readers are also efficient readers; in order to learn how to read rapidly, the student must learn to gather the meaning of a whole paragraph without definitely reading every word of it. He must learn to read sentences, not words; to read for the broadest meaning first, skipping over the details which can be apprehended later, if need be. As every reader knows, it is perfectly possible to understand the total import of a paragraph without understanding the exact meaning of every individual word. Yet, when dealing with a foreign language, through either the lack of proper training or the abuse of literal translation, the student is apt to read everything in the same fashion and too often word by word.

In order to master the technique of rapid reading, several kinds of exercises have been provided in the next chapters. The first set deals with the rapid apprehension of the main elements of a sentence (subject, verb, object or predicate) stripped of the details given by modifiers, such as adjectives, adverbs, prepositional phrases, or subordinate clauses.

The second set of exercises deals with the rapid reading of a paragraph for the purpose of grasping the interplay of various elements. The student is generally confronted with a situation in which subjects A, B, C, act and react in such a way that the result can be perceived only if the interplay between them is thoroughly understood. Many words unknown to the student have been purposely used in the context to show him that a knowledge of all the words is not necessary to understand the general import of a paragraph and that it is not even necessary to know who A, B, or C are in order to understand what is happening to them.

The third set of exercises concerns rapid reading of a paragraph or selection in order to find the main idea. Again the student is encouraged to read the whole selection for its broadest meaning, purposely leaving out the details, to read straight through, keeping constantly in mind the main line of thought without stopping on the way for unknown words.

CHAPTER VIII

Finding Rapidly the Main Elements
of a Sentence

A. THE SIMPLE SENTENCE

Exercise 48

Read the following sentences as rapidly as possible and under-score the *subject, verb* and *main complement*. Time yourself on this exercise, if you wish.

1. Zulpick, avec son crâne chauve, son nez camus, ses deux mèches de cheveux collées de chaque côté de ses oreilles, ses yeux pétillants de malice et son menton en pointe, m'observait, pré-occupé.

2. Frère Marmon, la barbe, les sourcils et les cheveux blancs de poussière, les yeux irrités, gonflés et larmoyants par le limage constant du marbre dur, se leva respectueusement à l'arrivée du supérieur.

3. Or, un certain soir, après une journée de pluie, Barnabé, portant sous son bras ses boules et ses couteaux cachés dans un vieux tapis, cheminait, triste et courbé, le long de la grand'route, à la recherche d'un gîte pour la nuit.

4. Pendant un instant, la redoute, se détachant sur le disque éclatant de la lune, large et rouge et d'une grandeur extraordinaire, apparut comme le cône d'un volcan au moment de l'éruption.

5. Sur un banc de pierre, placé selon l'usage d'autrefois près de la porte monumentale d'un hôtel, une petite fille de six à sept ans, à peine vêtue d'une robe noire en loques, s'était endormie, malgré le froid cruel, dans une attitude effrayante de fatigue et d'accablement.

6. Quoique préparée à l'idée de coucher là, elle eut quand même le cœur serré en se trouvant ainsi isolée et perdue dans cette forêt en plein noir.

7. Néanmoins mes études de mœurs me paraissant tout à fait insuffisantes, je résolus de les poursuivre à l'aide des romans de la bibliothèque.

8. Un énorme gaillard à barbe rouge, au teint coloré, large d'épaules, leva soudain son poing formidable dans un geste plein de menace et de défi.

9. Bavouzet, petit homme roux, l'air empressé et affable, les yeux fûtés et souriants, les mains fines et déliées, la moustache mince et blonde, cachait, sous ces dehors un peu féminins, une volonté forte et tenace.

10. Par une des portes ouvertes, Louise entra dans le salon avec un lent balancement des hanches, un peu solennelle, le buste droit dans une veste de drap noir s'évasant sur une jupe étroite.

11. La France révolutionnaire, avec ses foyers communaûx de patriotisme, sa mission civilisatrice, son administration sèche et active, venait de se réveiller.

12. Sur le rebord des toits du village, sur les branches, dans les petits enclos, sur les tas de bûches bien alignées auprès des maisons, la neige avait déposé un vêtement éclatant.

13. Pour se faire aux fraîcheurs nocturnes, aux brouillards, à la rosée, il restait tous les soirs dans son jardin, jusqu'à des dix et onze heures, seul, avec son fusil, à l'affût derrière le baobab.

14. Les cheveux en désordre, sans chapeau, courant comme un fou, renversant les passants dans sa course, il se précipita comme une trombe sur les trottoirs remplis de promeneurs.

15. Glover, la taille svelte, le visage rasé, les cheveux séparés sur le milieu de la tête, très droit malgré ses soixante-dix ans, se tenait debout contre la cheminée, attendant l'arrivée de ses invités.

16. Cette ville noire, si farouchement pauvre, aux vieilles maisons délabrées, aux rues resserrées, ennemies du soleil, cache cependant une population au goût délicat.

17. Or, à quelque temps de là, par un frais matin soleillé d'or, entre le long vis-à-vis des talus en verdure plantés de peupliers, passait, sur un char tiré au pas de deux sombres chevaux, un cercueil recouvert d'un amoncellement de fleurs.

18. Dans le silence lourd et oppressif de la nuit orageuse, retiré dans cette aile éloignée du château, Joseph, à l'abri des hommes hostiles d'un monde ennemi, veillait pour la dernière fois avec l'ombre de son maître bien-aimé.

19. Pour prendre l'habitude des longues marches, il s'astreignait à faire chaque matin son tour de ville sept ou huit fois de suite, tantôt au pas accéléré, tantôt au pas gymnastique, les coudes au corps et deux petits cailloux blancs dans la bouche, selon la mode antique.

B. *THE COMPLEX SENTENCE*

Exercice 49

Underscore the subject, verb and principal complement of the *main clause*. (In the case of several *coordinate main clauses,* do the same for the coordinates.)

1. Raide, les orbites creuses, enveloppée dans son châle noir qui faisait plus blême son visage de craie, Anaïs s'avança lentement dans la salle, sous le regard lourd du maître de la maison.

2. Dans un coin du parc, tout près du troupeau de moutons qui la regardait curieusement dormir, la fille de mes maîtres, comme une brebis plus précieuse et plus blanche que les autres, reposait, confiée à ma garde.

3. Epouvanté par les angoisses de l'avenir, par la noire misère qui allait s'abattre sur lui, par la perspective de toutes les privations physiques et de toutes les tortures morales qui l'attendaient, il alla chercher le collier chez le bijoutier.

4. Comme Léonard de Vinci, qui regardait tout pour tout dessiner, jusqu'aux rides des vieilles murailles où il trouvait des airs de tête, des figures étranges, des confusions de bataille, des habillements capricieux, le poète coloriste a tout regardé pour tout peindre.

5. Ses doigts crochus, noirs, durs comme des pattes de crabe, saisissaient à la façon de pinces les pommes de terre grisâtres dans une manne, et vivement, elle enlevait de longues bandes de peau sous la lame d'un vieux couteau qu'elle tenait de l'autre main.

6. Un soir, comme je revenais tout seul et assez fatigué, traînant péniblement mon gros bateau, un "océan" de douze pieds, et dont je me servais toujours la nuit, je m'arrêtai quelques

secondes pour reprendre haleine auprès de la pointe des roseaux, là-bas, à deux cents mètres environ du pont de chemin de fer.

7. La façade de la maison, élevée de trois étages et badigeonnée de cette couleur jaune qui donne un caractère ignoble à presque toutes les maisons de Paris, était percée de cinq fenêtres à petits carreaux, garnies de jalousies dont aucune n'était relevée de la même manière, en sorte que toutes leurs lignes juraient entre elles.

8. Pendant ce temps-là, les vrais brigands (c'est-à-dire la demi-douzaine de pauvres diables qui étaient coupables tout au plus d'avoir dérobé quelques sous, à droite et à gauche) tremblaient affreusement en entendant le bruit croissant et terrible des . détonations et les cris des victimes.

9. Or, un soir, comme je m'engageais dans une rue invraisemblable où coule une rivière noire comme de l'encre nommée "Eau de Robec," mon attention, toute fixée sur la physionomie bizarre et antique des maisons, fut détournée tout à coup par la vue d'une série de boutiques de brocanteurs qui se suivaient de porte en porte.

10. Elle sortit de dessous la table en rampant sur les genoux et sur les mains et, après avoir regardé à gauche et à droite pour voir si on l'observait, elle se glissa vivement vers la poupée convoitée dont elle se saisit.

11. Le bon curé, qui savait que je détestais les pleurs et que j'étais trop fière pour montrer devant ma tante le chagrin qu'elle me causait, s'approcha de moi lorsque nous fûmes seuls pour me consoler.

12. Perrine, qui nettoyait dans sa cuisine, apparut aussitôt, une casserole à la main, les bras nus, le visage rouge comme une pomme d'api et le bonnet rejeté sur le derrière de la tête suivant son habitude.

13. Quoique je ne connusse pas exactement son origine, j'avais découvert qu'elle était fort ignorante et qu'elle éprouvait un cer-

tain dépit quand j'appuyais mon opinion sur les livres que j'avais lus.

14. Mon premier soin, quand je me relevai et que l'étourdissement causé par ma chute se dissipa, fut de fouiller dans les tiroirs d'un vieux bureau pour découvrir une clef semblable à celle que ma tante avait fait disparaître.

15. Au dernier entracte, très pâle au milieu des fleurs qui remplissaient sa loge, quand elle eut doucement mis à la porte tous ses admirateurs, en répétant de sa voix de cristal: "Adieu, mes amis!" Cornélia ouvrit la fenêtre qui donnait sur une des ruelles les plus noires de la vieille cité, et, respirant à longs traits l'air saturé d'une odeur d'ail et d'humanité pauvre, elle cria: "Adieu, Florence!"

CHAPTER IX

Grasping the Interplay between Various Elements

Read the following paragraphs and fill in the blank space with the appropriate French word which can be found in the text. Note that it is not necessary for you to understand all the words in the paragraph in order to get the answer.

1. Je m'en allais toute contente à la ville, lorsque j'ai vu près de la fontaine un petit garçon qui pleurait. C'est qu'il avait cassé sa cruche, et le pauvre enfant avait peur d'être battu par son père. Ce n'est pas lui qui me l'a dit, mais des femmes qui avaient vu tomber la cruche. Ce pauvre petit, j'ai voulu le consoler, et le prenant par la main, nous sommes allés chez le marchand où, au moyen de quelques sous j'ai pu lui acheter une autre . . . .

2. Pendant une chasse, le roi d'Angleterre, qui se trouva subitement seul, traversa un champ pour rejoindre sa suite. Il y vit une seule femme qui travaillait. Sa Majesté lui demanda où étaient ses camarades. "Ils sont allés voir passer le roi qui chasse dans le voisinage, répondit-elle. —Et pourquoi n'êtes-vous pas allée avec eux? —J'ai cinq enfants à nourrir et je ne peux pas perdre ma journée. —Eh bien! dit-il en lui mettant de l'argent dans la main, vous pourrez dire à vos camarades qui sont allés voir le roi, que . . . . est venu vous voir."

3. Dans une auberge il y avait quatre chiens qui, le soir venu, venaient se coucher près de la cheminée. Un soir qu'il faisait très froid, l'un d'eux, un caniche, arriva après les autres et fut obligé de se coucher à l'écart. Cette place loin du feu ne lui plaisait guère. Il sortit tout à coup de la salle de l'auberge, et se mit à aboyer vigoureusement. Aussitôt les autres chiens se levèrent et coururent aboyer aussi. Ce que voyant . . . . rentra tout doucement et se choisit la meilleure place près du feu.

4. Une femme arrive, pose à terre un seau et s'approche de la vache qu'elle fait lever d'un coup de sabot dans les côtes. L'animal se dresse lentement sur ses jambes de devant, puis soulève avec plus de peine sa large croupe qui semble alourdie par l'énorme mamelle gonflée de lait. Et la femme, ayant mis le seau sous le ventre de la bête, tire par un vif mouvement des mains sur le pis gonflé qui jette à chaque pression de larges gouttes de lait qui tombent dans . . . .

5. Mon blé poussait et déjà la terre était couverte d'un tapis vert, lorsqu'un jour, j'aperçus des lapins qui fuyaient à mon approche; en plusieurs endroits ils avaient fait place nette. Alors je résolus d'entourer mon champ d'une haie. J'eus beaucoup de peine à couper des branches d'arbre, à les tailler en pointe pour les enfoncer dans le sol. De temps en temps, j'étais obligé de prendre mon fusil et de tirer sur les lapins. La nuit venue, je leur opposais mon chien; au moindre bruit il s'élançait en aboyant et chassait . . . . hors du champ.

6. Etant enfant, il m'arriva un jour de jeter un morceau de pain. Mon père alla le ramasser: "Mon enfant, me dit-il, il ne faut pas jeter le pain; c'est dur à gagner. Nous n'en avons pas trop pour nous, mais si nous en avions trop, il faudrait le donner aux pauvres. Tu en manqueras peut-être un jour et tu verras ce qu'il vaut. Rappelle-toi ce que je te dis-là, mon enfant."

Cette observation, faite avec dignité, me pénétra jusqu'au fond de l'âme et j'ai eu le respect du .... depuis lors. Les moissons m'ont été sacrées et je n'ai jamais détruit sur sa tige la fleur du pain.

7. Voici l'heure de préparer le repas de midi. La grand'mère ranime le feu de bois qui sommeille, puis elle casse les œufs. Fanchon regarde avec intérêt l'omelette au lard qui se dore et chante à la flamme. Sa grand'mère sait mieux que personne faire des omelettes au lard et raconter de belles histoires. Bientôt, Fanchon, assise le menton à hauteur de la table, mange .... savoureuse avec appétit, cependant que la grand'mère finit l'histoire de la "Belle au Bois Dormant."

8. Ce dut être pour l'homme un évènement mémorable que celui de la soumission du taureau venant prêter ses fortes épaules aux travaux de l'agriculture et amenant avec lui l'abondance.

Ce dut être une périlleuse entreprise, car cet animal, terrible de puissance et de colère, lançant au ciel d'un coup de cornes l'ennemi éventré, certes ne se laissa pas conduire sans combat de sa forêt natale dans l'étable. Nul souvenir n'est resté des vaillants qui les premiers osèrent s'attaquer au .... dans l'espoir de le subjuguer.

9. Un jeune officier pendant une attaque montra un héroïsme admirable; pendant six heures entières il s'exposa vingt fois à une mort certaine. Le soir, comme tous ses camarades le comblaient de louanges, il leur dit: "Alors c'est bien convenu? Je suis un héros? J'en suis bien aise, cela me permet de donner ma démission. —Votre démission? pourquoi? —Pourquoi, mes chers amis? Parce que j'ai eu une peur abominable; parce que, si je restais, je serais obligé de me conduire encore comme un .... en dépit de ma peur et cela m'est insupportable; et puisque j'ai payé ma dette, assez de gloire comme cela, je me retire."

10. C'était dans un champ planté de magnifiques noyers. Jean vit tomber une noix. Georges la ramassa. "Elle est à moi, dit Jean, c'est moi qui l'ai vue tomber. —Non, dit Georges, elle est à moi, puisque c'est moi qui l'ai ramassée." Ils étaient prêts à se battre lorsque Pierre arriva. On le pria de dire qui des deux avait raison. Pierre prit la noix, l'ouvrit et dit: "Jean, cette coquille est à toi qui as vu tomber la noix; cette autre coquille est à Georges qui a ramassé la noix; moi, je garde l'amande pour me payer de ma peine." En disant ces mots il mangea .... et partit en riant.

11. Un fils disait à son père, qui était devenu fort riche: "Comment, mon père, avez-vous fait pour acquérir une si grande fortune? Pour moi j'ai beaucoup de peine à atteindre le bout de l'année avec les revenus des terres que vous m'avez données lorsque je me suis marié; quel est donc votre secret? —Rien n'est plus facile, lui répondit son père en éteignant une des deux bougies qui les éclairaient; mon secret c'est de se contenter du nécessaire et de ne brûler qu'une .... quand on n'a pas besoin d'en brûler deux."

12. Deux voleurs, voyant un âne dans un champ s'en emparèrent. "Qu'allons-nous faire de cet âne?" dit le premier voleur; mon avis est de le vendre au plus vite et de nous en débarrasser. —Non, dit l'autre, il vaut mieux le garder et le vendre à la foire le mois prochain; nous en aurons un meilleur prix. —Non, dit le premier. —Si, dit l'autre." La querelle finit par des coups; mais pendant qu'ils étaient occupés à se battre, un troisième voleur survint qui s'enfuit avec ....

13. Prosper aperçut un jour des guêpes qui entraient et sortaient par un trou assez large creusé dans le tronc d'un vieil arbre. "Oh! dit-il à Georges, si nous prenions leur miel. —Non, répondit Georges, les guêpes nous piqueraient. —Attends, reprit Prosper, je vais les faire sortir. —Tu as tort, te dis-je, elles vont te piquer."

Georges s'éloigna prudemment. . . . . prit un bâton et l'introduisit dans le trou aux guêpes. En un instant les guêpes furent dehors, et se précipitant sur le pauvre garçon elles le piquèrent cruellement.

14. Deux servantes, Marie et Marguerite, revenaient du marché, chacune avec un panier très lourd. Marguerite se plaignait de la pesanteur de son panier tandis que Marie en riait comme s'il était léger. "Comment peux-tu rire, dit Marguerite, ton panier est aussi lourd que le mien et tu n'es pas plus forte que moi. —C'est parce que j'ai mis dans le mien une petite plante qui le rend plus léger. —Et quel est donc le nom de cette plante? —La plante précieuse qui rend les fardeaux plus légers est la patience, répondit . . . ."

15. Deux amis passaient devant un jardin plein de beaux légumes. "Vois donc, dit Jérôme, quels beaux choux! —Bah! dit Benoît qui se plaisait à exagérer, j'en ai vu de beaucoup plus gros que ceux-ci; j'en ai même vu un dans mes voyages qui était plus gros que cette maison. —Tiens, dit Jérôme, ce doit être au même endroit où j'ai vu un chaudron aussi grand qu'un église. —Ah! ah! s'écria Benoît en riant, je voudrais bien savoir à quoi un aussi grand chaudron pouvait bien servir! —Mais, répondit Jérôme, je crois bien que c'était pour faire cuire ton . . . ."

16. Le roi Louis XII était l'ami des pauvres gens qui l'avaient appelé dans leur gratitude "Le Père du Peuple." Un jour, ayant appris qu'un grand seigneur maltraitait ses paysans, il se mit en colère et voulut donner une leçon à ce seigneur. Il le fit venir à la cour et pendant plusieurs jours on ne lui servit que de la viande et du vin. Le seigneur, fatigué de ce régime, se hasarda à demander du pain, disant qu'il ne pouvait pas s'en passer. "Puisque vous ne pouvez pas vous passer de pain, dit le roi d'une voix sévère, apprenez à mieux traiter les . . . . qui vous le procurent.

17. Un marchand revenait un jour de la foire. Il était à cheval et derrière lui il avait attaché un sac plein d'argent. La pluie tombait avec violence, et le marchand, mouillé jusqu'aux os, murmurait contre la Providence qui lui envoyait un si mauvais temps pour voyager. Tout à coup un voleur parut au bord du chemin, un fusil à la main. Il visa le marchand, tira, mais la poudre étant mouillée, le coup ne partit pas. Vivement le marchand mit son cheval au galop, et cette fois remercia la Providence de cette . . . . qui lui avait sauvé la vie.

18. En 1763, un batelier nommé Carr fit le pari que lui et son chien sauteraient par-dessus le pont de Westminster et feraient à la nage le trajet de Westminster à Lambeth en une minute. Il sauta le premier et son chien le suivit immédiatement; mais, n'étant pas dans le secret, le brave chien, craignant que son maître ne se noyât, le saisit par le cou et le traîna hors de l'eau à la grande joie des spectateurs et au désespoir de Carr auquel il venait de faire perdre son . . . .

19. Avant de partir à la chasse, Louis XI consulta son astrologue qui lui prédit qu'il ferait beau temps. Dans la forêt le roi rencontra un paysan qui pressait son âne devant lui. Quand il lui demanda pourquoi il était pressé de rentrer, le pauvre homme répondit que c'était parce qu'il allait pleuvoir. Et en effet, la pluie surprit le roi qui rentra, mouillé jusqu'aux os. Il fit venir le paysan: "D'où vient, lui dit-il, que tu peux prédire le temps mieux que mon astrologue? —Sire, répondit celui-ci, ce n'est pas moi, c'est mon âne; quand je le vois remuer les oreilles d'une certaine façon, c'est qu'il va pleuvoir." Le roi s'est beaucoup moqué de son astrologue à qui il reprochait d'en savoir moins long qu'un . . . .

20. Le maréchal de Turenne, passant un soir dans les rues de Paris, tomba entre les mains d'une troupe de voleurs qui lui en-

levèrent tout son argent et tous ses bijoux. Parmi ces bijoux il y avait une bague à laquelle Turenne tenait beaucoup. Il promit aux voleurs cent louis d'or s'ils lui rapportaient cette bague. Le lendemain le chef des voleurs eut l'audace de se présenter chez Turenne avec la bague. Le maréchal lui fit donner immédiatement les cent louis et le laissa partir, en disant: "Un honnête homme ne doit pas manquer à sa promesse, même s'il l'a donnée à des . . . .

21. L'Empereur Aurélien, irrité par la longue résistance des habitants de la ville de Tyane, jura, dans sa colère, qu'il ne laisserait pas un chien en vie dans cette ville rebelle. Les soldats se réjouissaient d'avance car la ville était riche et chacun espérait y faire un grand butin. Mais lorsque la ville fut prise, Aurélien, touché du courage de ses défenseurs, ne voulut pas permettre qu'on la mît au pillage. C'est alors qu'on lui rappela ce qu'il avait juré: "Fort bien, dit-il, puisque je l'ai juré vous pouvez tuer tous les . . . . mais je défends qu'on fasse aucun mal aux habitants."

22. J'aperçus une petite fille qui vendait des pommes sur un éventaire qu'elle portait devant elle, mais elle avait beau offrir sa marchandise, elle ne trouvait personne pour les acheter. Je m'approchai: "Combien, lui dis-je, toutes vos pommes? —Toutes mes pommes? reprit-elle, et la voilà occupée à calculer en elle-même. —Six sous, monsieur, me dit-elle. —Fort bien, je les achète, mais à la condition que vous irez les distribuer à ces petits enfants que vous voyez là-bas." Ce qu'elle fit aussitôt. Les enfants furent au comble de la joie de se voir ainsi régalés, ainsi que la petite vendeuse tout heureuse de s'être débarrassée de . . . .

23. Un peintre, un jour, peignit si habilement un rideau sur le mur de son appartement, que ceux qui venaient le voir, essayant de soulever le rideau, étaient tout surpris de ne rencontrer

que le mur. Voulant rivaliser de talent, un autre peintre peignit une treille où pendaient des raisins si bien imités que les oiseaux eux-mêmes venaient essayer de les becqueter. Les juges donnèrent le prix au peintre de la treille, disant qu'il est plus difficile de tromper les .... que les gens.

24. Le favori d'un Sultan jeta un jour une pierre à un pauvre derviche qui lui demandait l'aumône. Le derviche ramassa la pierre, jurant qu'elle lui servirait, tôt ou tard, à se venger de cet homme. A quelque temps de là, il entendit un grand bruit dans la rue. C'était le favori, tombé en disgrâce, et que le Sultan faisait promener par les rues, exposé aux insultes de la populace. Le premier mouvement du derviche fut de saisir .... pour la lui jeter, mais il la laissa retomber en disant: "Non, je ne peux pas; il y a de la lâcheté à se venger d'un ennemi en disgrâce."

25. Un soir d'été, après une longue journée de marche, un vieux capitaine et sa compagnie s'arrêtèrent pour se reposer dans un verger plein de poiriers couverts de fruits mûrs. Les pauvres soldats avaient bien soif, et les poires étaient bien appétissantes. Mais le vieux capitaine était là, et les soldats savaient que leur chef, d'ailleurs si bon et plein de sollicitude paternelle envers ses hommes, était impitoyable pour tout acte de pillage. Ils passèrent donc toute la nuit dans le verger sans dérober une seule ....

26. Un jour Azora, femme de Zadig, revint d'une promenade, fort indignée. A son mari qui lui demandait la cause de cette indignation, elle répondit: "Je suis allée consoler la jeune veuve Cosrou qui vient de faire bâtir il y a deux jours un tombeau à son jeune époux auprès du ruisseau qui borde cette prairie. Elle a promis aux dieux, dans sa douleur, de demeurer près de ce tombeau tant que l'eau du ruisseau coulerait auprès. —Eh bien! dit Zadig, voilà une femme fort estimable et qui aimait véritablement son mari. —Ah! répondit Azora, si vous saviez à quoi elle

s'occupait quand je lui ai rendu visite. —A quoi donc, belle Azora? —Elle faisait détourner . . . .

27. Dans toutes les Indes orientales, on croit que quand le soleil et la lune s'éclipsent, c'est qu'un certain dragon qui a les griffes fort noires, les étend sur ces astres dont il veut se saisir; et vous voyez pendant ce temps-là les rivières couvertes de têtes d'Indiens qui se sont mis dans l'eau jusqu'au cou, parce que c'est une situation très dévote selon eux, et très propre à obtenir du soleil et de la lune qu'ils se défendent bien contre . . . .

28. Quelquefois une troupe de pèlerins frappait à la porte du château féodal. Leurs habits mouillés par la pluie fumaient devant le feu clair qui brûlait dans l'immense cheminée et, après avoir bien mangé et bien bu, ils racontaient leur voyage en Terre-Sainte; les erreurs des navires sur la mer écumeuse, les marches à pied dans les sables brûlants, la férocité des païens, les cavernes de la Syrie et enfin Jérusalem, la Crèche, le Sépulcre. Le jeune seigneur pleurait en entendant le récit des souffrances de ces braves . . . . qui lui donnaient avant de partir des coquilles de leur manteau.

29. Non loin d'ici, au-dessous du grand chemin taillé dans le roc, court se jeter dans des gouffres affreux une petite rivière qui paraît avoir mis à les creuser des milliers de siècles. On a bordé le chemin d'un parapet pour assurer la sûreté des voyageurs; grâce à ce parapet, je pouvais contempler le fond du gouffre et gagner des vertiges tout à mon aise, car ce qu'il y a de plaisant dans mon goût pour les lieux escarpés, c'est qu'ils me font tourner la tête et j'aime beaucoup ce tournoiement, pourvu qu'il y ait un . . . . pour me protéger.

30. Un voyageur passait à cheval dans un bois; un chien qui dormait sur la route fut réveillé en sursaut par le bruit et se mit

à aboyer, à sauter autour du cheval, à lui mordiller les jambes.
Le cheval prit le galop. Le voyageur, furieux de cette rencontre,
dit au chien qui le poursuivait; "Maudit chien, je n'ai pas d'arme
à la main pour me débarrasser de toi, mais j'ai dans la bouche
un moyen de vengeance assuré." Lorsqu'ils furent arrivés au village voisin, le voyageur cria: "Au chien enragé!" A ce cri, les
habitants sortirent de leurs maisons avec des bâtons, des fourches,
des fusils, et le pauvre . . . . fut immédiatement assommé.

31. Le Sultant Saladin, ayant été vaincu plusieurs fois en Pa-
lestine par Richard Cœur-de-Lion, eut recours au stratagème
suivant pour s'emparer de sa personne. Il savait que Richard avait
eu un cheval tué sous lui; Saladin saisit cette occasion pour lui
envoyer un cheval superbe qu'il avait dressé à revenir à lui en
toute occasion. Mais Richard, devinant une ruse de son ennemi,
ordonna à un de ses écuyers de monter le cheval. Aussitôt le
cheval, prenant le galop, retourna vers son maître emportant
l'écuyer jusque sous la tente de . . . .

32. Trois aventuriers trouvèrent un jour un trésor qu'ils
cherchaient depuis longtemps. En chemin leurs provisions
s'épuisèrent et l'un dit: "Qui veut aller chercher quelque chose
à manger? —Moi, répondit le second." Il partit, acheta des provisions, mais il pensa que s'il les empoisonnait, ses compagnons
mourraient et le trésor lui resterait. Il les empoisonna donc.
Cependant les deux autres avaient résolu, pendant son absence,
de le tuer et de partager entre eux. Il arriva: ils le tuèrent; ils
mangèrent les provisions qu'il avait empoisonnées et moururent
à leur tour; de sorte que . . . . n'appartint à personne.

33. Il n'y a pas deux sortes d'art: les arts industriels et les
beaux-arts. Il n'y a qu'un art, qui est tout ensemble industrie et
beauté. L'artiste et l'artisan travaillent à la même œuvre magni-
fique: ils commencent à nous rendre agréable et chère l'habitation

humaine, à communiquer un air de grâce et de noblesse à la maison, à la ville, aux jardins. L'artisan qui a trouvé la forme nouvelle d'une coupe ou obtenu la transparence de l'émail est le confrère de . . . . qui a conçu les lignes d'une statuette ou choisi le ton d'un tableau.

34. Quelquefois on apercevait, du haut de la tour du château, une file de bêtes de somme, conduite par un étranger, habillé à l'orientale. Le seigneur, qui l'avait reconnu pour un marchand, expédiait vers lui un valet. Le marchand, prenant confiance, se détournait de sa route, et, introduit dans le château, il retirait de ses coffres des pièces de velours et de soie, des orfèvreries, des aromates, des choses singulières d'un usage inconnu. Le seigneur choisissait, achetait et à la fin, le . . . . s'en allait avec un gros profit, sans avoir enduré aucune violence.

35. Si l'on veut distinguer ce qui appartient à la nature de ce qui résulte de l'habitude, il suffit de considérer ce que l'on peut perdre par l'interruption continue d'une action et ce qu'on ne saurait oublier. En effet, les habitudes se détruisent par l'intermission de leur exercice, se transmuent par des actes différents ou opposés, tandis que . . . . revendique sans cesse ses droits.

36.　*Mirabeau devant l'Assemblée Nationale*
Le Congrès Americain a ordonné dans les quatorze Etats de la Confédération un deuil de deux mois pour la mort de Franklin, et l'Amérique acquitte en ce moment un tribut de vénération pour l'un des pères de sa constitution.

Ne serait-il pas digne de nous, messieurs, de participer à cet hommage rendu à la face de l'univers, et aux droits de l'homme et au philosophe qui a le plus contribué à en propager la conquête sur toute la terre? L'antiquité eût élevé des autels à ce vaste et puissant génie, qui, au profit des mortels, embrassant dans sa pensée le ciel et la terre, sut dompter la foudre et les tyrans. La

France, éclairée et libre, doit au moins un témoignage de souvenir et de regret à l'un des plus grands hommes qui aient jamais servi la philosophie et la liberté.

Je propose qu'il soit décrété que l'Assemblée Nationale ordonne, elle aussi un .... de trois jours pour la mort de Benjamin Franklin.

CHAPTER X

Finding the Central Idea of a Selection

The first thing to do in order to find the central idea of a selection is to understand what the author is writing about. This directs the mind along certain channels and it enables the reader to marshall his ideas and experiences on that particular subject. The second step is to grasp rapidly the significance of some key words which will narrow the scope and focus the mind on one particular aspect of that subject.

Watch especially for the first sentence at the beginning of the selection and at the beginning of each paragraph; it often contains the general idea that is being developed in the paragraph. Look for connecting words which are the sign posts to guide you to the writer's thoughts. Be sure not to mistake illustrations for ideas, but try to find which idea they develop or clarify.

Of the four statements given after each selection, choose the one which states *best* the central idea. Some statements may be true, but you will find that they often give only part of the idea. Therefore choose the statement which expresses most fully the central idea. When you have made your choice, check your answer with the key, and if you are wrong, read the selection again to find out why.

In order to show you how to proceed, we have chosen two

selections to illustrate the procedure. Read the selection first, then the discussion, then try to find the answer.

Illustration: SELECTION 1

Il y a quelques années, j'ai traversé la forêt tropicale de Malaya. Je l'ai traversée dans sa partie la plus étroite, heureusement! Pour circuler sur ces chemins à peine frayés, il faut être un acrobate de profession. A chaque pas surgit un obstacle: tantôt des arbres abattus par la vieillesse ou étouffés par l'excès de vie qui les entoure, tantôt des lianes semblables à des bras tendus en travers du sentier, tantôt des fondrières aux abords de ruisseaux invisibles dont on entend le murmure derrière la muraille de verdure qui vous enserre de tous côtés. On escalade les troncs les plus petits; sous les plus gros (ils ont quelquefois trois ou quatre mètres de diamètre) on se glisse, on rampe, le dos râclant l'écorce, les mains plongeant dans une pourriture de feuilles, de débris végétaux, d'où sortent des myriades d'êtres grouillants, fourmis noires, fourmis rouges ou blanches, scolopendres, araignées, vermine de toutes nuances et de toutes dimensions.

Baratier

Discussion

The subject is a tropical forest. What special aspects? Its beauty? Its vegetation? Its ferocious beasts? Hunting? Its dangers?

Look at the key words: **traversée** . . . **acrobate** . . . **obstacles** . . . **la muraille enserre de tous côtés** . . . **on escalade** . . . **des troncs d'arbres** . . . **on se glisse** . . .

The central idea is that of *travel* . . . through *obstacles* which impede the advance. In the light of this, let us read the following statements, in order to choose the one which best expresses the main idea:

    a. To cross a tropical forest is a feat of endurance of which one can be justly proud.

    b. A description of a tropical forest, of its lush vegetation and dangerous animals of all kinds.

    c. A description of the ways in which one can cross a tropical forest and avoid its dangers.

    d. A description of the difficulties encountered in crossing a tropical forest.

    a may be true, but there is very little said in the selection about the pride of achievement while much is said of difficulty.

    b. We have, it is true, a description of *some* vegetation, *some* insects, but they are not mentioned for the sake of describing the forest; rather as an impediment to the traveller's advance.

    c.. No advice is given, nothing is said about the best way to travel in such a forest, nor even how the feat was done; just a mention of what the obstacles were.

    d seems to be the best, for every detail of the text tends to illustrate the idea of difficulty.

Illustration: SELECTION 2

    Le pilote du canal de Suez n'est pas un de ces individus réveillés au milieu de la nuit à coups de sirène et qui grimpent, pieds nus, par une échelle de corde sur le pont du navire qui va requérir leurs services. C'est un monsieur très posé, à gros traitement, qui descend de sa "Packard" conduite par son chauffeur en livrée et vous salue avec bonne humeur, comme un gentleman qu'il est.

Il "fera" six heures sur la passerelle de votre bateau, lui évitera les avaries, corrigera la dérive du vent dangereux qui souffle du désert dans des superstructures souvent colossales, garera les cinquante mille tonnes à lui confiées en un de ces endroits où le canal s'élargit, abritera loin des étincelles les redoutables benzinières ou les cargos chargés d'explosifs, se jouera des courants et, en descendant vers Suez, des marées qui remontent le canal, et vous déposera, sain et sauf, dans la mer Rouge au pied du Djebel Ataga.

Tous les bateaux du monde, pendant douze heures, n'appartiennent plus qu'à une seule personne responsable: le pilote du canal. Qu'ils soient dociles à la manœuvre ou rétifs, à marche arrière directe ou à turbines spéciales, qu'ils soient armés pour la plaisance ou pour la mort, tous remettent leur vie entre ses mains.

Paul Morand
Route des Indes

Discussion

The subject is the Suez Canal . . . and pilots . . . not *a* certain pilot; the use of **le** is evidently in a general sense, therefore it means the pilots of the Suez Canal.

The author begins by telling us what they are *not;* we can read this over rapidly until we come to the point where he tells us what they are. Key words: **un monsieur** . . . **gros traitement** . . . **Packard** . . . **chauffeur** . . . (well-to-do gentleman indeed!)

In the light of this, let us examine the following statements in order to choose the one which best expresses the main idea:

a. The wind of the desert and the swift currents which change navigation conditions from day to day require the use of a pilot to cross the Suez Canal.

b. The required use of a highly paid pilot by all the boats which cross the Suez Canal is simply a way of exacting a heavy tax from them.

    c. A description of the dangers which attend the heavy navigation through the Suez Canal.

    d. Pilots on the Suez Canal are well paid, but they have a difficult job and heavy responsibilities.

    a. True but not complete; other things require the presence of the pilot: the law . . . the heavy traffic . . . the dangers of collision. . . .

    b. It is true that the pilot is highly paid, but after having read of all the pitfalls he must avoid, the heavy responsibilities he shoulders, it seems that the salary is warranted.

    c. The dangers of navigation on the Suez Canal are mentioned to illustrate the difficulty of the pilot's work.

    d seems to be the most satisfactory statement because it takes in almost everything (salary, difficulties, responsibilities, etc.).

SELECTION 1

    Le vent, le moindre bruit, un oiseau qui se pose sur une pointe de rocher, suffit pour provoquer la chute d'une avalanche. Aussi les voyageurs doivent-ils, dans les passages étroits et dangereux, garder le silence et marcher doucement. On pousse la précaution jusqu'à remplir les sonnettes et les grelots des chevaux et des mulets, pour que le son n'excite pas dans l'air un ébranlement funeste. En plusieurs endroits, surtout dans les Alpes, on a construit au pied des montagnes des voûtes maçonnées, et l'on a pratiqué dans le roc des cavités où ceux qui aperçoivent une avalanche en mouvement peuvent se retirer pour la laisser passer pardessus. Quand ils sont dans un lieu sûr, les voyageurs tirent quelques coups de pistolet ou de fusil pour ébranler les pelotes de

neige prêtes à tomber, et, après la chute des avalanches, ils con-
tinuent leur route sans crainte.

Cortambert

The central idea is:

a. Avalanches always follow the same paths along narrow
gorges and valleys and travellers are warned to keep away from
these paths.

b. Avalanches are always caused by noises and travellers must
take precautions to avoid unnecessary noises.

c. The ever present danger of avalanches in mountains and
the precautions which the travellers must take for their own
safety.

d. The practice of avoiding the danger of avalanches by starting their fall purposely with firearms.

SELECTION 2

Cette étiquette, qui, dans la vie intérieure de nos princes, les
avait amenés à se faire traiter en idoles, dans la vie publique en
faisait les victimes de toutes les convenances. Marie-Antoinette
trouva dans le château de Versailles une foule d'usages établis et
révérés qui lui parurent insupportables. Un des usages les plus
désagréables était pour la reine, celui de dîner tous les jours en
public. Marie Leczinska avait suivi constamment cette coutume
fatigante; Marie-Antoinette l'observa tant qu'elle fut dauphine.
Le dauphin dînait avec elle, et chaque ménage de la famille
royale avait tous les jours son dîner public. Les huissiers laissaient
entrer tous les gens proprement mis; ce spectacle faisait le bonheur des provinciaux. A l'heure du dîner, on ne rencontrait dans
les escaliers que de braves gens, qui, après avoir vu le dauphin

manger sa soupe, allaient voir les princes manger leur bouilli, et qui couraient ensuite à perdre haleine pour aller voir Mesdames manger leur dessert. La reine parlait à l'abbé de Vermond des importunités sans cesse renaissantes dont elle avait à se dégager, et elle se jetait avec complaisance dans les idées philosophiques de la simplicité sous le diadème.

Madame de Campan

The central idea is:

a. Marie-Antoinette chafed under the laws of etiquette, especially the ones concerning the royal meals when the public was freely admitted inside the royal palace.

b. Marie-Antoinette did not like royal etiquette and dreamed of a simple life even as a queen.

c. At dinner time the public was admitted to Versailles and could watch any member of the royal family eating his dinner.

d. Etiquette at Court is necessary in order to maintain the dignity and decorum of royalty's everyday life.

SELECTION 3

Je me sens une tendresse que je ne puis pas vaincre pour toutes ces créatures animées qui vivent à côté de nous sur la terre, qui voient le même soleil, qui respirent le même air, qui boivent la même eau, qui sont formés de la même chair sous d'autres formes. Je veux parler de ces chiens si fidèles, qui, pour des gages mille fois supérieurs, ne quitteraient jamais le maître indigent à qui ils sont dévoués; de ces chèvres, de ces chevreaux, de ces brebis qui montent le soir jusque sur la crête du rocher pour me voir revenir de plus loin à la hutte, qui m'appellent comme s'ils comprenaient que leurs bêlements hâteront mon retour vers eux, qui s'élancent pour me faire fête aussitôt que j'ai traversé les champs cultivés et que j'entre dans les bruyères incultes où je leur permets de paître et de bondir en liberté; de ces oiseaux qui m'ont vu respecter leur nid et émietter mon pain pour les couveuses, à portée du bec; de ces mouches à miel à qui je laisse leur nourriture d'hiver, et dont je ne prends un peu de miel que pour les malades; de ces lézards que le bruit de la pierre attire au soleil, tout le jour, autour de moi, et que je n'écrase jamais sous mes pieds.

Lamartine

The central idea is:

   a. Animals seem to have much in common with humans.

   b. A shepherd watching his sheep tells us how intelligent they are.

   c. The interests of the author in all living things around him.

   d. The love of the author for animals and how they seem to reciprocate his love.

SELECTION 4

Un sauvage tient plus à sa hutte qu'un prince à son palais, et le montagnard trouve plus de charme à sa montagne que l'habitant de la plaine à son sillon. Demandez à un berger écossais s'il voudrait changer son sort contre le premier potentat de la terre: loin de sa tribu chérie, il en garde le souvenir. Partout il redemande ses troupeaux, ses torrents, ses nuages. C'est une plante de la montagne; il faut que sa racine soit dans le rocher; elle ne peut prospérer si elle n'est battue des vents et de la pluie; la terre, les abris et le soleil de la plaine le font mourir. Qu'y a-t-il de plus heureux que l'Esquimau dans son épouvantable patrie? Que lui font les fleurs de nos climats auprès des neiges du Labrador, nos palais auprès de son trou enfumé? Il s'embarque au printemps avec son épouse sur quelque glace flottante et, entraîné par les courants, il s'avance en pleine mer, sur ce trône du dieu des tempêtes.

Chateaubriand

The central idea is:

    a. Living under continuous hardships have made people like the Scots and Eskimos hardy, healthy and happy.

    b. People like the Scots and the Eskimos, accustomed to the wilderness of their land, cannot live in thickly populated countries.

    c. No matter how poor and ugly one's motherland, it is still cherished in our hearts.

    d. People transplanted from one land to another often wither and die in their new environment.

SELECTION 5

Sur la terre, l'eau symbolise par excellence le mouvement. Elle coule et coule toujours, sans répit, sans fatigue; les siècles ne parviennent pas à dessécher le mince filet d'eau qui s'échappe des fissures du rocher, ni à étouffer son doux et clair murmure. Joyeux, il bondit de cascatelle en cascatelle, se mêle au torrent impétueux, puis au fleuve calme et puissant, pour se perdre enfin dans la mer immense et mystérieuse.

Qui dit mouvement, dit action: il ne suffit pas à l'eau de descendre dans un lit tout creusé; elle ronge, elle mine, elle entraîne incessamment les terres et les rochers qui la contiennent ou qui s'opposent à son cours; caillou à caillou, grain de sable à grain de

sable, elle porte les montagnes dans la mer; elle n'est pas seulement, comme dit Pascal, un chemin qui marche, elle est aussi
une masse continentale en voyage, qui, dans les siècles d'hier,
était couverte de la neige éternelle des hautes cimes et qui, demain,
se fixera sur les bords de la mer pour augmenter le domaine de
l'homme.

Elisée Reclus

The central idea is:

  a. Water is in perpetual motion and its eroding action levels
the earth's surface.

  b. Water is perpetually in motion from the tiny spring to the
mysterious sea.

  c. Water is like a moving road, which carries the snow of the
mountains to the sea.

  d. No mountain, however high, can resist the leveling action
of water.

SELECTION 6

  Lisez, dans les voyages, l'effroi des malheureux égarés, la nuit,
dans les solitudes d'Afrique. Quelles angoisses, dès qu'au soleil
couché commencent à rôder les sinistres éclaireurs du lion, les
loups et les chacals qui l'accompagnent à distance, le précèdent
en flairant, ou le suivent en croque-mort! Ils vous miaulent lamen-
tablement: "Demain, on cherchera tes os." Mais quelle profonde
horreur! Le voici à deux pas . . . il vous voit, vous regarde, rugit
profondément du gouffre de son gosier d'airain comme sa proie
vivante, l'exige et la réclame . . .

  La nuit est tout aussi terrible pour l'oiseau, même en nos climats qui sembleraient moins dangereux. Que de monstres elle
cache, que de chances effrayantes pour lui dans son obscurité! Ses

ennemis nocturnes ont cela de commun qu'ils arrivent sans faire aucun bruit. Le chat-huant vole d'une aile silencieuse, comme une étoupe d'ouate. La longue belette s'insinue au nid, sans frôler une feuille. La fouine ardente, altérée de sang chaud, est si rapide qu'en un moment elle saigne et parents et petits, égorge la famille entière.

Michelet
(*L'oiseau*)

The central idea is:

a. Man can understand the terrors of birds at night only if he has himself experienced the terrors of the night, alone, in a hostile country.

b. A parallel between the terrors of man alone, at night, in a dangerous country, and those of the birds defenseless against their nocturnal enemies.

c. A description of the enemies which prey on birds at night and their deadliness.

d. The night is the time when beasts of prey stalk their victims, be they birds or men.

SELECTION 7

Que serait-ce si je lisais dans l'avenir? Je vous verrais unis, la main dans la main, oubliant vos querelles, frères, non pas de bouche mais de cœur, au giron de la France qui ouvrirait ses grands bras pour embrasser le monde. Personne alors ne pourrait croire qu'il fut un temps où l'on disputait le suffrage à l'ouvrier, au paysan, car, grâce à leurs mains, cette terre qui est la nôtre, fleurirait de moissons sans pareilles, où chacun de nous pourrait glaner, et l'industrie ferait ses miracles.

Nul ne saurait plus ce que c'est que la faim et le gel; mais chacun viendrait en aide à son voisin. En promettant moins, nous tiendrions davantage, et les morts en souriraient dans leurs tombeaux. L'étranger dirait: Voyez comme ici la glèbe rit sous les gerbes! Comme les fleuves sont orgueilleux en baisant leurs rives, tout chargés des trésors des métiers. Il semble que cette terre se glorifie de porter un peuple d'hommes. C'est qu'ils ont combattu, qu'ils ont lutté sans jamais perdre courage. Et maintenant, le cœur en paix, ils recueillent la joie qu'ils ont semée. Retournons chez nous les imiter.

Edgar Quinet

The central idea is:

a. Only when the people have learned to love each other will there be peace in the country.

b. A day will come when toilers will at last enjoy the fruits of their labor.

c. Thanks to the progress of industry and the arts, a new abundance will bless the land.

d. The author foresees a bright future for his country, full of happiness, love, and abundance.

SELECTION 8

Les jeunes Normands, qui aimaient par-dessus tout la bataille, ne trouvaient guère à exercer leur talent chez eux. La Normandie en effet, contrairement aux autres grandes seigneureries, était fortement centralisée. Le duc avait conservé son action directe sur tous ses vassaux et tous les jeunes comtes ou évêques étaient de sa famille. Aussi les jeunes nobles préféraient-ils aller combattre ailleurs. Certains allèrent en Espagne, où ils pouvaient s'enrichir et faire leur salut en tuant des Sarrasins. D'autres conquirent Naples et la Sicile. On les voit régner en princes absolus sur leurs vastes états, et faire accepter, en plein moyen âge, la tolérance religieuse. Très dévots, ils vivaient pourtant comme des princes arabes, dans des palais enchantés, entourés de belles Sarrasines. Cependant, de temps à autre, ils remontaient à cheval et s'en allaient détruire férocement les villes révoltées ou arracher de nouvelles conquêtes à l'empereur de Constantinople.

Reboussin

The central idea is:

a. How the Normans established a kingdom at Naples and in Sicily.

b. The young Normans were obliged to leave Normandy because everything in the province belonged to the duke and his family.

c. The Normans' love for fighting, which could not be satisfied in Normandy, led them to conquests in foreign lands.

d. The Normans' love for liberty and religious tolerance, led them to fight against the intolerance of the church and the tyranny of Arabian princes.

SELECTION 9

Ma chère Henriette, je te ferai encore la guerre sur ta ponctuation; il n'y en a point ou presque point dans tes lettres. Tout signe de ponctuation, virgule ou autre, marque un repos de l'esprit, un temps d'arrêt plus ou moins long, une idée qui est finie ou suspendue et qu'on sépare par un signe de celle qui suit. Tu supprimes ces repos, ces intervalles; tu écris comme l'eau coule, comme la flèche vole. Cela ne vaut rien; car les idées qu'on exprime, les choses dont on parle dans une lettre, ne sont pas toutes absolument semblables et toutes intimement liées les unes aux autres, comme des gouttes d'eau.

Il y a entre les idées des différences, des distances inégales mais réelles, et ce sont précisément ces différences, ces distances, que les divers signes de ponctuation ont pour objet de marquer. Tu fais donc, en les supprimant, une chose absurde: tu supprimes la différence, la distance naturelle qu'il y a entre les idées et entre les choses. C'est pourquoi l'esprit est étonné et choqué à la lecture de tes lettres; le défaut de ponctuation répand sur tout ce que tu écris une certaine uniformité menteuse, et enlève aux choses dont tu parles leur vraie physionomie, leur vraie place, en les présentant toutes d'un trait comme parfaitement pareilles et contiguës.

Guizot

The central idea is:

a. The absence or faulty use of punctuation is the mark of confused thinking.

b. The incorrect use of punctuation may alter the meaning of an idea.

c. Signs of punctuation are necessary to mark differences and distances between ideas.

d. Signs of punctuation are necessary to mark pauses for the voice while reading aloud.

SELECTION 10

Parmi les merveilles dont chaque jour nos organes sont ou les témoins ou les acteurs, il en est une qui m'a toujours paru plus singulière que les autres. Un long travail vous a fatigué, une veille prolongée a émoussé votre intelligence: eh bien, quittez votre chambre, respirez l'air frais du dehors quelques instants, et soudain votre tête se dégage, votre cœur bat plus librement, la lassitude même des membres se dissipe. Allez-vous de la ville à la campagne, le mystère se complique, en même temps que se multiplient les influences de cet agent occulte et bienfaiteur. Ce n'est plus seulement un malaise passager que cet air dissipe, c'est votre être tout entier qu'il renouvelle. La nourriture vous restaure davantage peut-être, mais elle vous alourdit en vous restaurant; le vin vous réveille mais il vous enivre en vous réveillant; l'air, au contraire, est tout ensemble doux et fort; il calme et fortifie, il semble même qu'il agisse sur l'âme. Oui, quand on respire à pleine poitrine un air pur, on sent son cœur plus disposé à s'ouvrir aux sentiments affectueux. Que dis-je et qui ne l'a pas éprouvé? On est comme arraché à la terre elle-même, on secoue ses chaînes matérielles, et tout enchanté de cette vie nouvelle qui circule en nous avec cet impalpable éther, on se prend à rêver, presque à concevoir un monde, un ciel, où semblables aux habitants des Champs-Elyséens qu'a créés le génie de Fénelon, l'homme ne se nourrira plus que de parfums et de lumière.

E. Legouvé
(*Nos fils et nos filles*)

The central idea is:

a. Fresh air seems to be the best tonic for mind and body.

b. Fresh air is more important than food.

c. To feel the full effects of fresh air one must live in the country.

d. People who live in the country are kinder and happier than those who live in the cities.

SELECTION 11

La caravane s'avançait péniblement à travers les dunes. Dans ces cavaliers, pliant sous la chaleur pesante, on ne reconnaissait plus les prestigieux acrobates des fantasias. Espacés, sans ordre, sans cette cadence qui leur est habituelle, les chameaux semblaient se traîner, tandis que leurs conducteurs s'accrochaient à eux pour soutenir leur marche. Plus d'instruments pour animer la route, plus de propos pour égayer la fatigue. Un silence morne, où l'anéantissement des énergies se fondait dans la solitude du désert. L'atmosphère était embrasée. La peau desséchée, les veines gonflées, hommes et bêtes haletaient. Venue de partout, du ciel, de la terre, du sable, la chaleur les enveloppait. Leurs yeux brûlés fouillaient l'horizon dans la vaine espérance de découvrir une oasis. La soif les torturait; les regards scrutaient les outres presque vides. Des chameliers rivaux se rapprochaient, prêts à l'oubli des rancunes, prêts à des bassesses pour l'octroi de quelques gorgées d'eau. Parfois un homme s'arrêtait, semblant renoncer à la lutte; puis il repartait; la caravane s'allongeait. Un chameau, puis un autre, s'abattirent sur les genoux. Il fut impossible de les faire relever; on les abandonna. Avant même qu'ils eussent expiré, les vautours s'abattaient sur eux. Le lendemain, leurs squelettes ensablés, jalonnaient la piste pour guider d'autres caravanes, assister à d'autres souffrances.

The central idea is:

    a. How thirst can torment travellers in the desert.
    b. The sufferings from heat and thirst of a caravan in the desert.
    c. How easy it is to become lost in the desert and die.
    d. The terrible effects on travellers of the dead silence which reigns over the desert.

SELECTION 12

La main de l'homme a changé la face du monde. Les premiers hommes étaient nus; ils habitaient des cavernes et disputaient les fruits de la terre aux animaux plus forts qu'eux ou plus rapides. Ils n'avaient que leurs mains pour fournir à tous leurs besoins.

Avec leurs mains ils se sont fabriqué des armes, et alors, ils ont pu se vêtir de la fourrure de l'animal et se nourrir de sa chair. Ils se sont unis, et leurs mains, associées fraternellement, ont cultivé les champs et multiplié les aliments; elles ont bâti les premières chaumières; elles ont domestiqué le chien, le bœuf, le cheval, le mouton; elles ont tissé la laine.

Plus tard, après l'invention de l'écriture, tout ce qu'avaient pensé les plus sages d'entre les hommes a cessé de mourir avec eux et l'humanité s'est instruite.

Aujourd'hui, de grandes routes, des chemins de fer, des lignes télégraphiques, d'innombrables navires relient toutes les contrées; partout on écrit et on imprime; partout se dressent des usines; tous les champs sont cultivés. Regardez bien et à l'origine de tout cela vous verrez la main de l'homme.

M. Guéchot

The central idea is:

a. According to the author there have been four different stages in the development of human civilization.

b. In modern times, the machine has replaced the hand of man.

c. The hand of man has changed the face of the world and is at the base of every progress he has made.

d. Writing and printing in preserving human knowledge have assured continued progress in the development of human civilization.

SELECTION *13*

Ce qui distingue notre langue, c'est l'ordre dans la construction de la phrase. Cet ordre doit toujours être direct et nécessairement clair. Le français nomme d'abord le sujet de la phrase, ensuite le verbe qui est l'action et enfin l'objet de cette action. Voilà la logique naturelle à tous les hommes, voilà ce qui constitue le sens commun. Or cet ordre, si favorable, si nécessaire au raisonnement, est presque toujours contraire aux sensations qui nomment le premier l'objet qui frappe le premier. Le français, par un privilège unique, est seul resté fidèle à l'ordre direct: la syntaxe française est incorruptible. C'est de là que résulte cette admirable clarté, base éternelle de notre langue. Il y a des pièges et des surprises dans les langues à inversions: le lecteur reste suspendu dans une phrase latine comme le voyageur devant des routes qui se croisent: il attend que toutes les finales l'aient averti de la correspondance des mots et son esprit résout enfin le sens de la phrase comme un problème. La prose française se développe en marchant et se déroule avec grâce et noblesse. Toujours sûre de la construction de ses phrases, elle entre avec plus de bonheur dans la description des choses abstraites et sa sagesse donne de la confiance à la pensée.

Rivarol

The central idea is:

a. The order of the French sentence, (subject, verb, object) is not necessarily the same as the psychological order.

b. Although the French language derives from the Latin, it has not kept its use of declensions and frequent inversions.

c. Because of the rigidity of its constructions, the French language lacks the flexibility, charm, and variety offered by other languages such as Latin.

d. The French language has a rather rigid, logical construction which accounts for its great clarity.

SELECTION *14*

Dehors, il faisait jour, éternellement jour.

Mais c'était une lumière pâle qui ne ressemblait à rien; elle traînait sur les choses comme des reflets de soleil mort. Autour d'eux, tout de suite, commençait un vide immense qui n'était d'aucune couleur, et, en dehors des planches du navire, tout semblait diaphane, impalpable, chimérique.

L'œil saisissait à peine ce qui devait être la mer; d'abord cela prenait l'aspect d'une sorte de miroir tremblant qui n'aurait aucune image à refléter; en se prolongeant, cela paraissait devenir une plaine de vapeurs, et puis, plus rien; cela n'avait ni horizon, ni contours.

La fraîcheur humide de l'air était plus intense, plus pénétrante que du vrai froid, et en respirant, on sentait très fort le goût du sel. Tout était calme et il ne pleuvait plus; en haut, des nuages informes et incolores semblaient contenir cette lumière latente qui ne s'expliquait pas; on voyait clair, en ayant cependant conscience de la nuit, et toutes les pâleurs des choses n'étaient d'aucune nuance pouvant être nommée.

Pierre Loti

The central idea is:

a. The boat was traveling in a thick fog and had lost its bearings.

b. Everything was colorless, shapeless around the boat.

c. The grey sky foretold the coming of winter.

d. The unusual aspect of the sky and the sea warned of a coming storm.

SELECTION 15

Un évènement lourd de conséquences se produisit au début du XIIIe siècle: on découvrit de nombreuses œuvres d'Aristote. Elles apportaient d'une part une science véritable, une physique, une mathématique et d'autre part une conception du monde toute nouvelle, d'où le surnaturel était chassé. C'est à ce double point de vue scientifique et philosophique qu'il faut étudier l'ébranlement que subit la pensée occidentale.

La théologie se trouvait placée dans une situation grave. Il n'avait existé jusque-là qu'une interprétation de l'univers, celle de la Bible: Dieu tirant le monde du néant, l'homme déchu, racheté par Jésus, l'âme immortelle jugée après la mort. Mais pour Aristote, il n'y avait pas de Dieu créateur et anthropomorphe, pas d'immortalité de l'âme. Une philosophie rationnelle s'opposait à la Révélation. Allait-on sacrifier l'une à l'autre? Souvenons-nous qu'à la même époque, les pays arabes, placés devant le même dilemme, renoncèrent à la philosophie, la détruisirent et condamnèrent ainsi l'Islam à la stérilité intellectuelle. Ce fut l'honneur de la pensée européenne de ne pas s'abandonner à un tel fanatisme et de chercher courageusement à concilier la raison et la foi.

Reboussin

The central idea is:

a. The scientific work of Aristotle was accepted but his philosophy was condemned as heresy by the Church.

b. Aristotle's philosophy destroyed, as early as the XIIIth century, the belief in the supernatural.

c. The discovery of Aristotle's work presented to the theologians the problem of reconciling its rational philosophy with their faith.

d. The Mohammedans rejected Aristotle entirely, and this rejection can explain the intellectual sterility of the Islamic world.

Reading for Precise Understanding

CHAPTER XI

Reading for Precise Understanding

We have seen in the preceding chapters that in rapid reading, one can apprehend the general idea of a paragraph without necessarily grasping all the details. A time comes, however, when slower reading with careful attention to the details is necessary. The following section aims at developing the proper skills for that purpose. It must be noted, however, that the habit of grasping the meaning of the whole helps considerably in understanding the details and inferring the meaning of unknown words.

In order to help you form the correct habits for this type of reading, you are asked to read rapidly each selection in its entirety, to grasp the central idea. Then read the selection a second time to take in the details, trying at the same time to guess the meaning of unknown words with the help of the techniques you have just learned. Consult the dictionary only for the meaning of those words which you cannot guess, or to check your guess.

A selection, "La Prise de Luna," has been chosen to illustrate the procedure which you should follow.

Step I

Read the selection in its entirety in order to find the central idea. Then answer question A in the exercise, choosing

the statement which seems best to express it. Check your
answer with the key. If you were wrong, read the selection
again, trying to see why your answer was incorrect.

Illustration: La Prise de Luna

Le plus redoutable chef des Norsemen, Hastings, attiré par le
grand nom et les richesses de la capitale du monde chrétien,
tourna l'Espagne, arriva sur les côtes d'Italie avec une centaine
de barques pleines de bandits; mais il prit Luna pour Rome.
Hastings envoya quelques-uns de ses guerriers dire au comte et
à l'évêque qui commandaient dans la ville, que ses compagnons,
vainqueurs des Espagnols et des Francs eux-mêmes, ne voulaient
point de mal aux peuples de l'Italie, qu'ils ne demandaient qu'à
réparer quelques **avaries** survenues à leurs barques. Lui-même,
fatigué de cette vie errante, si glorieuse qu'elle eût été pour lui
jusqu'alors, désirait jouir du repos. Quelle que fût la méfiance, la
crainte, la terreur même que ce barbare inspirait, l'évêque et
le comte ne refusèrent rien, mais les portes de la ville restèrent
fermées.

A quelques jours de là, le camp retentit de **gémissements**: la
nouvelle s'était répandue que Hastings était dangereusement
malade. Les mêmes envoyés que la première fois vinrent, avec
une physionomie très **abattue**, déclarer que le moribond avait
l'intention de laisser à l'Eglise toutes ses richesses et même celle
de ses compagnons à condition que son corps fût **enseveli** en terre
sainte, dans le cimetière de Luna. Des gémissements, des **sanglots**
annoncèrent bientôt la mort du terrible chef des Norsemen.
Quelque grandes que fussent les alarmes des habitants, on permit aux soldats d'entrer dans la ville pour apporter son cadavre,
et les funérailles furent préparées par les prêtres eux-mêmes. Mais
au moment où on déposait le corps au milieu du **chœur**, dans
la cathédrale, Hastings se leva tout à coup, abattit l'évêque à ses

pieds, pendant que ses compagnons, tirant leurs armes cachées, massacraient les soldats, les prêtres, les femmes mêmes dans l'église et dans la ville tout étonnée.

d'aprés Victor Duruy
(*Histoire de France*)

A. Choose the statement which best expresses the central idea:

1. The fear and terror which the arrival of the Norsemen inspired in the countryside.

2. The cunning stratagem which enabled the Norsemen to take the town of Luna.

3. The boldness of the raiders who went as far as the coast of Italy in their quest for booty.

4. The death of Hastings which happened in Italy, near the town of Luna.

Step II

Find the meaning of the boldface words.

The boldface words in the text are not among the most frequently used words; they have neither cognates nor easily recognized roots. If you do not know them try first to guess their meaning from the context; consult the key to check the accuracy of your guess.

From the first reading you have already gathered that the selection deals with an attempt by the Norsemen to take a town. Now try to remember what you know about the Norsemen, their expeditions (by sea or land), the purpose of these expeditions. They cannot take the town by force, therefore they are using a stratagem. A stratagem is a ruse designed to deceive the adversary. To deceive, you must pretend or play a part.

And now, with these directives in mind, you may try to take in the details and guess the meaning of the boldface words.

Hints

Il **tourna** *l'Espagne* (obviously, **tourner** does not mean to turn);
look at a map; where did the Norsemen come from? how
did they travel? what must they do to reach Italy by boat?
. . . . Spain.

réparer quelques **avaries;** you repair a thing when it has suffered
some . . . .

le camp retentit de **gémissements;** noises . . . which can be heard
all over the camp . . . for a chief dangerously ill; what are
they? . . . .

une physionomie très **abattue;** how are soldiers likely to look if
their chief, their leader is going to die? . . . .

son corps fut **enseveli** *en terre sainte;* (supply the missing word)
a dead body is . . . . in holy ground.

des gémissements, des **sanglots;** these words go together: wailing
and . . . .

au milieu du **chœur** *de la cathédral;* where does the coffin lie in
a church during the burial ceremony? . . . . (Note that it
is not very important to know the exact place, so long as you
see that it is inside the church, that the people will be trapped.)
Check your guesses with the keys; how many did you guess correctly?

Step III

Tell whether the following statements are true or false; in
this kind of exercise, a statement is not true if part of it only
is true. Read each statement carefully.

1. The renown and fame of Rome reached so far that the
Norsemen heard of it.

2. They went through Spain in order to reach Italy.

3. They had about one hundred boats full of warriors.

4. In their ignorance they thought the town of Luna was
actually Rome.

5. They sent emissaries to the town authorities summoning them to surrender.

6. They were given permission to land and to repair their boats.

7. But the town gates remained closed and they could not enter the town.

8. Hastings fell dangerously ill and wanted to reconcile himself with the church.

9. He sent some treasures to the Church and asked to be buried in the cemetery of Luna.

10. The town of Luna opened its doors to receive his body and to bury him.

11. Hardly was Hastings buried, when the Norsemen took the town.

12. The Norsemen massacred the people and pillaged the town taken by surprise.

1. Formule d'Excommunication

Voici la formule consacrée par laquelle l'Eglise excommuniait un coupable au moyen âge. Cet arrêt était terrible, non seulement à cause des menaces religieuses vraiment effrayantes, mais aussi à cause de ses effets civils qui équivalaient, pour le condamné, à la mise hors la loi du royaume.

"Par le jugement du Père, du Fils et du Saint-Esprit, en vertu de la puissance accordée aux apôtres et aux successeurs des apôtres, de lier et de délier dans le ciel et sur la terre, tous ensemble nous decrétons que Leudaste, semeur de scandale, accusateur de la reine, faux dénonciateur d'un évêque, attendu qu'il s'est soustrait à l'audience pour échapper à son jugement, sera désormais séparé du giron de la sainte mère Eglise et exclu de toute communion chrétienne, dans la vie présente et dans la vie à venir. Que nul chrétien ne lui dise salut et ne lui donne le baiser. Que nul prêtre ne célèbre pour lui la messe et ne lui administre la sainte communion du corps et du sang de Jésus-Christ. Que personne ne lui fasse compagnie, ne le reçoive dans sa maison, ne traite avec lui d'aucune affaire, ne boive, ne mange, ne converse avec lui, à moins que ce ne soit pour l'engager à se repentir. Qu'il soit **maudit** de Dieu le Père qui a créé l'homme; qu'il soit maudit de Dieu le Fils qui a souffert pour l'homme; qu'il soit maudit de l'Esprit-Saint qui se répand sur nous au baptême; qu'il soit maudit de tous les saints qui depuis le commencement du monde ont trouvé grâce devant Dieu. Qu'il soit maudit partout où il se trouvera, à la maison ou aux champs, sur la grand'route ou dans le sentier. Qu'il soit maudit vivant et mourant, **dans la veille** et dans le sommeil, dans le travail et dans le repos. Qu'il soit maudit dans toutes les forces et tous les organes de son corps. Qu'il soit maudit dans toute la **charpente** de ses membres, et que du sommet de la tête à **la plante des pieds**, il n'y ait pas sur lui la moindre place qui reste saine. Qu'il soit livré aux supplices éternels avec Dathan et Abiron, et avec ceux qui ont dit au Seigneur: "Retire-toi de nous." Et de même que le feu s'éteint dans l'eau, qu'ainsi sa lumière s'éteigne pour jamais, à moins qu'il ne se repente et qu'il ne vienne donner satisfaction."

Augustin Thierry
(*Récits Mérovingiens,* 5e récit)

A. Choose the statement which best expresses the central idea:

1. How the Church would pursue a guilty person everywhere, even in his own house.

2. How Leudaste was excommunicated by the Church for having falsely accused a bishop.

3. The reproduction, almost verbatim, of the formula by which the Church excommunicated one of its members.

4. How the Church did not hesitate to use excommunication as a means to increase its power over the laity.

B. Find the meaning of the boldface words and expressions in the text.

C. Answer briefly *the following questions:*

1. For a believer in the after-life as depicted by the Church, what was the most terrible consequence of excommunication?

2. Whence did the Church derive its power to excommunicate?

3. Of what crimes was Leudaste accused?

4. Of what spiritual solaces will Leudaste be deprived during his lifetime?

5. How will his relations with his fellow men be affected?

6. In whose names was the curse given?

7. When and where will the curse operate?

8. If the curse takes effect, how will it affect the state of Leudaste's health?

9. What will become of him after death?

10. The Church never loses hope entirely; underline the sentence in the text which indicates this.

2. Sur Quelques Coutumes du Mariage dans l'Ancienne Rome

Le mariage dans l'ancienne Rome est essentiellement un acte religieux et tous les détails de la célébration sont autant de **rites** d'une cérémonie sacrée.

La fête s'ouvre par une **prise d'auspices**, se continue par une prière, puis un sacrifice, et se termine par la manducation d'un gâteau sacré.

La toilette même de la fiancée est soumise à des obligations rituelles: elle doit porter une robe d'une certaine couleur— blanche—et d'un certain tissu—un tissu à fils verticaux; elle doit avoir la tête couverte d'un voile analogue à celui qui est en usage dans les purifications ou les initiations aux mystères, et sous ce voile, les bandelettes qui ornent son front—ces mêmes bandelettes qui sont les signes consacrés des prêtresses ou des victimes offertes aux dieux—partagent ses cheveux en tresses dont le nombre n'est pas laissé à son libre choix: il y en a six, nombre mystique et divin. Les cheveux ne sont pas **peignés** à l'aide d'un instrument ordinaire; on s'est servi pour ce jour-là d'un fer de lance **aiguisé** en forme d'aiguille . . . comme signe de consécration à Junon, qui joue un rôle essentiel dans toute la cérémonie conjugale.

Outre le voile et les bandelettes, la **parure** de la fiancée comporte encore une couronne de fleurs, lesquelles ont dû être cueillies de sa propre main. Les fleurs, comme les arbres, comme certains animaux et certaines pierres, sont des objets sacrés. S'en couvrir est donc un moyen de se sanctifier, de se conférer à soi-même une dose plus élevée de force surnaturelle.

Ainsi ornée, la fiancée sort de la chambre virginale et est amenée à son futur époux, non pas par son père ou sa mère, mais par une matrone, qui remplit le rôle de prêtresse ou mieux encore est une incarnation de Junon. En présence de cette matrone, la fiancée donne sa main au jeune homme, et ceci encore est un acte rituel. Cette idée de la valeur sacrée de la main se retrouve dans les rites nuptiaux qui ont persisté jusqu'à nos jours.

Alors le prêtre, qui dès le matin a pris les auspices, adresse une prière à certains dieux, et les fiancés leur offrent des fruits en même temps; puis les futurs époux immolent un bœuf ou un porc.

Vient ensuite le repas chez le père de la femme, repas qui dans la suite, est devenu une pure et simple réjouissance, mais qui, au début, était certainement un **festin** sacré. Et après ce repas, c'est-à-dire très tard dans la journée, à la tombée de la nuit, la femme est conduite chez son mari.

En arrivant à la maison qui désormais sera sa demeure, la jeune femme commence par rendre à la porte de cette maison un hommage qui nous paraît singulier; elle **enduit** les **montants** de cette porte ou d'huile ou de graisse de loup ou de porc et les frotte avec de la laine. Rappelons-nous que la porte, comme le foyer, est, dans la civilisation primitive, l'objet d'un véritable culte, et nous comprendrons ce geste bizarre. Peut-être est-ce pour la même raison que la nouvelle épouse est soulevée par son mari pour franchir **le seuil.**

C'est auprès du foyer de l'époux que la jeune femme va recevoir l'initiation définitive: on lui présente l'eau lustrale et le feu domestique, objets d'une telle importance religieuse que, chez les Romains, "**excommunier**" quelqu'un, c'est lui interdire l'eau et le feu. Et enfin, assis sur deux sièges **jumeaux**, qui sont recouverts d'une peau de mouton, les mariés mangent ensemble le gâteau sacré. Nous retrouvons là, d'une part, le sacrifice du mouton—rite pastoral—et d'autre part la manducation solennelle du pain—rite agricole—dont l'union se manifeste sans cesse dans la religion romaine.

d'après René Pichon
(*Hommes et Choses de l'Ancienne Rome*)

A. Choose the statement which best expresses the main idea:

1. Many of the customs still observed nowadays in marriage ceremonies can be traced to those of Ancient Rome.

2. Many of the marriage rites and customs observed in Ancient Rome had a sacred meaning.

3. Many rites observed during the marriage ceremonies in Ancient Rome were performed in order to propitiate the gods, especially Juno.

4. Many of the marriage rites in Rome can be traced to ancient superstitions transmitted to the Romans by the Greeks.

B. Find the meaning of the boldface words and expressions in the text.

C. Answer briefly the following questions:

1. What was the main characteristic of marriage in Ancient Rome?
2. Enumerate the four principal marriage rites.
3. What were the two requirements for the bride's dress?
4. Why was the bride's hair divided into six parts?
5. Why was it combed with a special instrument?
6. Why did the bride wear a wreath of flowers?
7. Whom did the matron personify?
8. What kind of animals did the young people sacrifice to the gods?
9. Where did the marriage festivities take place?
10. Why did the bride stop at the door of her new home to perform a special rite?
11. How did she enter her husband's house?
12. What was she presented with?
13. Describe the seats on which the young people sat.
14. What did they eat together?
15. What two kind of rites are always found together in the Roman religion?

3. Les Curie et l'Esprit Scientifique

Quelque temps avant que ne se developpât, en France et à l'étranger, le traitement industriel du radium, les Curie ont pris une décision à laquelle ils attachent fort peu d'importance mais qui **influera** grandement sur le reste de leur vie.

En purifiant la pechblende, en isolant le radium, Marie a inventé une technique et créé un procédé de fabrication.

Or, depuis que les effets thérapeutiques du radium sont connus, l'on recherche partout les **minerais** radioactifs. Des exploitations sont en projet dans plusieurs pays, particulièrement en Belgique et en Amérique. Toutefois les **usines** ne pourront produire le "fabuleux métal" que lorsque leurs ingénieurs connaîtront le secret de la préparation du radium pur.

Ces choses, Pierre les **expose** à sa femme, un dimanche matin, dans la petite maison du boulevard Kellermann. Tout à l'heure, le **facteur** a apporté une lettre venant des Etats-Unis. Le savant l'a lue attentivement, l'a repliée, et posée sur son bureau.

—Il faut que nous parlions un peu de notre radium, dit-il d'un ton paisible. Son industrie va prendre une grande extension, c'est maintenant certain. Voici justement une lettre de Buffalo: des techniciens, désireux de créer une exploitation en Amérique, me prient de les documenter.

—Alors? dit Marie, qui ne prend pas un vif intérêt à la conversation.

—Alors nous avons le choix entre deux solutions. Décrire sans aucune restriction les résultats de nos recherches, ainsi que les procédés de purification . . .

Marie a un geste d'approbation, et elle murmure:

—Oui, naturellement.

—Ou bien, continue Pierre, nous pouvons nous considérer comme les propriétaires, les "inventeurs" du radium. Dans ce cas, avant de publier de quelle manière tu as opéré pour traiter la pechblende, il faudrait **breveter** cette technique et nous assurer des droits sur la fabrication du radium dans le monde.

Il fait un effort pour préciser, d'une façon objective, la situation. Ce n'est pas sa faute si, en prononçant des mots qui lui sont peu familiers: "breveter," "nous assurer des droits," sa voix a eu une inflexion de mépris à peine perceptible.

Marie réfléchit pendant quelques secondes. Puis elle dit:

—C'est impossible. Ce serait contraire à l'esprit scientifique.

—Je le pense aussi, dit Pierre, mais je ne veux pas que nous prenions cette décision **à la légère**. Notre vie est dure; elle menace de l'être toujours. Et nous avons une fille . . . peut-être aurons-nous d'autres enfants. Pour eux, pour nous, ce brevet représenterait beaucoup d'argent, la richesse.

Il mentionne encore, avec un petit rire, la seule chose à laquelle il lui soit cruel de renoncer:

—Nous pourrions avoir aussi un beau laboratoire.

Marie considère **posément** l'idée du gain, de la récompense matérielle. Presqu'aussitôt elle la rejette:

—Les physiciens publient toujours intégralement leurs recherches. Si notre découverte a un avenir commercial, c'est là un hasard dont nous ne saurions profiter. Et le radium va servir à guérir des malades. Il me paraît impossible d'en tirer un avantage.

Elle n'essaie nullement de convaincre son mari. Elle devine qu'il n'a parlé du brevet que par scrupule. Les mots qu'elle prononce avec une entière sûreté expriment leur sentiment à tous deux, leur infaillible conception du rôle de savant.

Dans un silence, Pierre répète, comme un écho, la phrase de Marie:

—Ce serait contraire à l'esprit scientifique.

Il est **soulagé**. Il ajoute, comme s'il réglait une question de détail:

—J'écrirai donc ce soir aux ingénieurs américains en leur donnant les renseignements qu'ils demandent.

Eve Curie
(*Madame Curie*)

A. Choose the statement which best expresses the main idea:

1. The true scientific attitude requires of the scientist that he give his discoveries to the world and this rigorous obligation was resented by Pierre Curie.

2. When the Curies had to decide whether to give the process for manufacturing radium to the world or to have it patented, they decided against the latter as being unworthy of the true scientific spirit.

3. The Curies, having learned that a firm in America was using the process they had discovered in manufacturing radium, discuss at length whether to sue them or to let the process be accessible to all.

4. The main reason why the Curies did not have their process patented was that radium was to be used for medical purposes and that it would harm their scientific standing to make any profit out of medical discoveries.

B. Find the meaning of the boldface words and expressions in the text.

C. Tell whether the following statements are true or false according to the text:

1. Madame Curie discovered the process for manufacturing radium.

2. Radium is used for medical purposes.

3. Industrial firms in Belgium and America were using an inferior process in the manufacture of radium.

4. They wanted the Curies to disclose their process.

5. One of the firms who wrote to that effect was from Buffalo.

6. The Curies could have had their process patented.

7. In that way, they could have secured royalties from all the firms using their process.

8. They were poor, and the idea of becoming rich pleased Pierre Curie very much.

9. Mme Curie said that the true scientist must publish his discoveries.

10. Pierre Curie however insisted on the patent because he wanted a laboratory.

11. For the first time in their lives the Curies disagreed on an important issue.

12. Against his better judgment, Pierre Curie yielded to his wife's wish and decided not to patent the process.

4. La Tragédie Grecque

La tragédie grecque naît vers la fin du VIᵉ siècle avant l'ère chrétienne, à Athènes, ville également pieuse et artiste. Une des deux grandes fêtes annuelles de Bacchus comportait un chœur, le dithyrambe: Thespis détacha un soliste du chœur de Bacchus et prit le sujet du chant hors de l'histoire de Bacchus; Eschyle ajouta un second acteur, et la tragédie exista. Sophocle en introduisit un troisième, s'attacha davantage à l'action, ramena à des proportions plus humaines les personnages gigantesques et simples d'Eschyle; Euripide mit en scène des hommes et des femmes avec les passions de la réalité. La tragédie, lyrique avec Eschyle, haute et noble avec Sophocle, vivante avec Euripide, avait, en un siècle, terminé son évolution.

Dans quelles conditions matérielles avait lieu la représentation? Le public était assis sur des **gradins** de pierre, taillés sur la pente d'une montagne; la partie plane, semi-circulaire, entre la scène et les gradins les plus bas, s'appelait l'orchestre, et, comme l'indique son nom, était laissée aux danses et marches du chœur. La scène était large mais très peu profonde, de façon que les acteurs y paraissaient comme les figures d'un **bas-relief**. Point de décors au fond, mais une colonnade. Comme les théâtres étaient vastes, et que les personnages y eussent semblé trop petits pour des êtres divins, leur taille était élevée par des chaussures à semelles très hautes, les **cothurnes**; comme le reste de leur corps eût été disproportionné, ils portaient des vêtements très amples et des masques; ces masques étaient une nécessité; d'abord parce qu'ils permettaient aux trois acteurs réglementaires de remplir chacun plusieurs rôles, ensuite parce que les traits naturels n'auraient pas été visibles à cause de la distance, enfin parce que c'eût été une impiété de représenter Zeus ou Aphrodite avec son propre visage.

On ne jouait pas une seule pièce, mais quatre de suite: trois tragédies et un drame satirique à **dénouement** heureux. Au début, la trilogie tragique développait une seule action: nous le voyons dans le sublime Orestie d'Eschyle. Une des innovations de Sophocle consista à faire de chaque partie un tout complet; c'est pour ce motif que l'action est chez lui, comme chez Euripide, plus soignée et plus féconde en **péripéties**. Enfin cette représentation même était un concours: un jury classait les auteurs dont le peuple athénien avait vu les œuvres pendant la fête . . .

De son origine, la tragédie grecque garda ses deux caractères primitifs: elle demeura essentiellement une œuvre musicale et une cérémonie religieuse. La musique s'y entendait d'un bout à l'autre et le chœur était, aux yeux de tous, l'élément principal: c'étaient ses chants et ses danses qui marquaient la division de chaque pièce en cinq parties; même aujourd'hui, ce caractère musical n'est-il pas évident pour qui considère les symétries du dialogue et l'emploi des rythmes variés, si frappants à la première lecture? Quant au côté religieux, il était rappelé par la présence, dans l'orchestre, de **l'autel** sacré, et par la place d'honneur accordée au prêtre de Bacchus; il se révèle encore à nous par la gravité du ton, par la qualité des personnages, tous dieux ou héros, par le choix des sujets, pris dans les légendes à la fois nationales et sacrées.

La tragédie grecque unissait donc l'opéra, le ballet et le drame; elle faisait vibrer également la piété et le patriotisme; elle provoquait des émotions graves et d'ordre élevé. Et le spectateur athénien, avec le ciel bleu au-dessus de sa tête, voyait encore au loin la **rade** de Salamine où il avait vaincu la barbarie, tout près l'Acropole où veillaient les dieux de la cité. Les splendeurs présentes et les gloires passées ennoblissaient encore la beauté de la musique et de la poésie; jamais peuple a-t-il goûté de joie si entière et si profonde?

Max Jasinski
(Composition Française au Baccalauréat)

A. Choose the statement which best expresses the main idea:

1. An account of Greek tragedy; how it began and why it remained essentially religious in character thoughout its development.

2. An account of the contributions of the three great poets, Aeschylus, Sophocles and Euripides, to the development of Greek tragedy.

3. A description of the chorus, dances and music which were an integral part of Greek tragedy.

4. An account of Greek tragedy, its development, the way it was performed and its triple character as musical performance, ballet and drama.

B. Find the meaning of the boldface words and expressions in the text.

C. Answer briefly the following questions:

1. By what date had the Greek tragedy completed its final development?
2. What four men had something to do with its evolution?
3. How were the seats arranged so that everybody could see?
4. What was the space called the orchestra reserved for?
5. Why did the actors wear buskins?

6. Give three reasons which explain why the actors wore masks.

7. How many plays were given at one sitting?

8. What detail indicates that the performances were a kind of competition between authors?

9. In honor of which god were these performances given?

10. What was the most important element of Greek tragedy?

11. What art forms did a Greek tragedy combine?

5. Un Saint Roi (Louis IX, 1226–1270)

Au nom de Dieu le tout-puissant, moi, Sire de Joinville, sénéchal de Champagne, je vais écrire la vie de notre saint roi Louis, ce que je vis et entendis par l'espace de six ans que je fus en sa compagnie au pèlerinage d'outre-mer, et depuis notre retour. Et avant, vous parler de ses saintes paroles et de ses bons enseignements, pour qu'on les trouve l'un après l'autre, et qu'ils puissent édifier ceux qui les entendront.

Ce saint homme aima Dieu de tout son cœur et imita ses œuvres, ce qui parut en ceci que, de même que Dieu mourut pour l'amour de son peuple, de même le roi mit plusieurs fois son corps en péril, pour l'amour de son peuple; et il s'en fût bien dispensé, s'il l'eût voulu, comme vous l'entendrez ci-après.

De la bouche il fut si sobre, que jamais de ma vie, je ne l'entendis commander les mets de son repas, comme font maints grands seigneurs; mais il mangeait en toute simplicité ce que son cuisinier préparait et qu'on mettait devant lui. Il fut modéré dans ses paroles: car jamais de ma vie je ne l'entendis médire de qui que ce fût, et jamais je ne l'entendis jurer le nom du diable, nom qui est bien répandu dans le royaume, ce qui, je crois, n'est pas agréable à Dieu. . . .

Il m'appela un jour et me dit: "Je n'ose vous parler de chose qui touche à Dieu, à cause du subtil sens qui est vôtre, et j'ai appelé ces religieux ici présents, parce que je veux vous faire une question." Et voici la question: "Sénéchal, fit-il, quelle chose est-ce Dieu? —Sire, lui dis-je, c'est chose si bonne que meilleure ne peut être. —Vraiment, fit-il, c'est bien répondu; car cette réponse que vous avez faite est écrite dans ce livre que je tiens en ma main."

Il me demanda si je lavais les pieds aux pauvres, le jour de Jeudi-Saint: "Sire, dis-je, quelle horreur! Les pieds de ces vilains, je ne les laverai pas! —Vraiment, dit-il, vous avez mal parlé, car vous ne devriez pas mépriser une chose que Dieu fit pour notre enseignement. Aussi vous prié-je, pour l'amour de Dieu d'abord, et pour le mien ensuite, de vous accoutumer à les laver. . . ."

Le roi gouverna sa terre bien et loyalement, et selon Dieu, comme vous l'entendrez ci-après. . . . Quand il revenait de l'église, il nous envoyait chercher, et s'asseyait au pied de son lit, nous faisait asseoir tous autour de lui, et nous demandait s'il y avait quelque affaire qu'on ne pût expédier sans lui; nous les lui nommions, et il envoyait chercher **les parties** et il leur demandait: "Pourquoi ne prenez-vous pas ce que nos gens vous offrent?" Ils répondaient: "Sire, c'est qu'ils nous offrent trop peu." Il leur répondait: "Vous devriez bien accepter ce qu'on voudrait faire pour vous." Et le saint homme s'efforçait de tout son pouvoir de les mettre en bonne et raisonnable **voie**.

Maintes fois il advint qu'en été, il allait s'asseoir au bois de Vincennes, après avoir entendu la messe; il s'asseyait au pied d'un chêne, et nous faisait asseoir autour de lui, et tous ceux qui avaient affaire venaient lui parler, sans embarras **d'huissier** ni d'aucun autre. Et il leur demandait alors de sa propre bouche: "Y a-t-il ici quelqu'un qui ait **procès**?" Et ceux qui avaient procès se levaient, et il leur disait: "Taisez-vous tous, et on vous expédiera l'un après l'autre." Et quand il voyait quelque chose à **amender** dans les paroles de ceux qui parlaient pour lui ou dans les paroles de ceux qui parlaient pour autrui, lui-même l'amendait de sa bouche. . . .

Joinville

(*Histoire de Saint-Louis,* 1309)

A. Choose the statement which best expresses the main idea:

1. The selection tells of the resolution of the historian to relate faithfully the story of the king's pilgrimage beyond the seas.

2. The chronicler gives examples of cases where the king himself rendered justice and dealt so fairly with all that everyone accepted his decision.

3. The historian, setting out to relate what he knows of the life of Louis IX describes the godliness of his character and life, with examples of his love of justice.

4. Louis IX liked to teach the love of God to all those around him and often had theological discussions with learned monks and scholars.

B. Find the meaning of the boldface words and expressions in the text.

C. Tell whether the following statements are true or false according to the text:

1. This selection was written by a contemporary of Louis IX, in the XIIIth century.

2. The chronicler repeats what the king's seneschal told him about Louis IX.

3. At that time kings had little to say about the management of their own households.

4. Moderation seems to have been one of the main qualities of Louis IX.

5. Louis IX thought that his seneschal was intelligent.

6. Asked a question on the nature of God, the seneschal could not answer.

7. One of the monks near the king read the answer in a book.

8. The seneschal was furious when the king ordered him to wash the feet of the poor.

9. The king preferred to pacify his enemies by offering them money rather than to fight them.

10. In the summer, the king would often go to the forest of Vincennes.

11. There, under a tree, he would sit as a judge and render justice.

12. He was easily accessible to people who wanted to bring their lawsuits to him.

6. Premières Vaccinations Anti-rabiques sur des Êtres Humains

Le 6 juillet 1885, Pasteur vit arriver à son laboratoire un petit Alsacien de neuf ans, Joseph Meister. L'enfant avait été mordu deux jours avant par un **chien enragé**; il était certainement en danger de mort. Pasteur n'avait pas encore essayé son vaccin sur des êtres humains et n'avait pas eu le temps de voir si l'immunisation anti-rabique était permanente. Il consulta des savants dont il estimait le jugement. A leur avis, Pasteur avait non seulement le droit mais le devoir d'essayer de sauver ce petit garçon en le vaccinant.

La série des inoculations fut commencée. Le petit Joseph devint l'un des favoris du laboratoire. Il aimait surtout à descendre au **sous-sol** pour voir les animaux: les **poules**, les **lapins**, les **cochons d'Inde**, les petites **souris** blanches. Il avait bon appétit et dormait bien. En apparence il était moins malade que Pasteur, qui, toutes les nuits, avait de la fièvre et souvent ne pouvait dormir. Le jour, le savant voyait le succès de son traitement. La nuit, dans le demi-sommeil, la peur le prenait. Le soir de la dernière injection, la plus formidable de toutes, le petit Joseph embrassa son "cher monsieur Pasteur" et ne tarda pas à s'endormir. Un des grands faits médicaux du siècle était accompli.

Le 26 octobre 1885, Pasteur annonça à l'Académie des Sciences la méthode suivie et les résultats obtenus par la vaccination de Joseph Meister. Il ajouta qu'il avait commencé le traitement d'un autre "mordu." Un **berger** du Jura, âgé de 14 ans avait voulu protéger ses petits camarades contre un "chien fou." La bête furieuse lui avait fait d'horribles **morsures.** Six jours s'étaient écoulés entre cette attaque et la première inoculation. Mais Pasteur, ayant vu l'effet de son vaccin anti-rabique sur Joseph Meister, n'avait plus les mêmes alarmes en traitant le jeune berger.

La communication de Pasteur à l'Académie fut publiée un peu partout. Son laboratoire devint une sorte de dispensaire. La production du vaccin anti-rabique et les inoculations absorbaient une grande partie du temps autrefois consacré aux recherches. Des médecins sollicitaient l'honneur d'étudier la méthode Pasteur. Le "maître" lui-même surveillait tout. Il s'occupait de chaque cas, surtout si les mordus étaient des enfants. C'est vers cette époque qu'il disait: "Quand j'approche d'un enfant, il m'inspire deux sentiments, de la tendresse pour le présent et du respect pour ce qu'il peut être un jour." Il demandait aux enfants qu'il avait sauvés de lui écrire et il leur envoyait un peu d'argent pour les aider.

En novembre, on lui amena une petite fille de 10 ans, Louise Pelletier. Elle avait été mordue 34 jours auparavant. Le traitement anti-rabique, appliqué si tard ne pouvait être efficace. La pitié pour cette enfant et ses parents décida Pasteur à essayer quand même. Malgré les inoculations, les symptômes de la **rage** apparurent. Pasteur passa la dernière journée près de la petite malade: elle avait trop peur quand il n'était pas là; elle le tenait par la main pour l'empêcher de partir. Quand Pasteur sortit, il éclata en sanglots: il n'avait pu sauver cette petite.

Le 1ᵉʳ mars 1886, Pasteur pouvait affirmer que sur 350 personnes traitées par le vaccin anti-rabique, il n'y avait eu qu'une mort, celle de la petite Pelletier.

d'après Eugène Lebert

(*Pasteur*)

A. Choose the statement which best expresses the main idea:

1. The selection gives an account of the techniques used by Pasteur in vaccinating for rabies.

2. It is an account of Pasteur's first vaccinations for rabies on human beings.

3. It is a summary of the report given by Pasteur to the Academy about his method for treatment of people bitten by rabid dogs.

4. It relates the feeling of fear experienced by Pasteur when he first tried his vaccine on human beings.

B. Find the meaning of the boldface words and expressions in the text.

C. Answer briefly the following questions:

1. Who was the first person to be vaccinated for rabies?

2. How much time had elapsed since he had been bitten, when he came to Pasteur?

3. Why did Pasteur hesitate before vaccinating the child?

4. Whom did he consult with before starting the treatment?

5. Why was Pasteur feverish at night?

6. Who was the second person to take the Pasteur treatment?

7. Why was Pasteur much more confident this time?

8. What did Pasteur write for the "Académie des Sciences"?

9. Why was Pasteur obliged to give up his research for a time?

10. Why was the case of Louise Pelletier hopeless from the start?

11. What details show the deep concern of Pasteur for Louise Pelletier?

12. Why could Pasteur write in 1886, that the vaccine had proved successful?

7. Découverte du Canada par Jacques Cartier

Dans l'Ouest de la France, sur la côte de Bretagne, se dresse la petite ville fortifiée de Saint-Malo. Elle était autrefois le rendez-vous des coureurs des mers. Les exploits extraordinaires et fantastiques de ses matelots et de ses corsaires sont universellement connus. Le plus célèbre de ces navigateurs est Jacques Cartier.

Jacques Cartier est né en 1491. Comme la plupart des Bretons, il devint marin. Son rêve était de parcourir les mers, et il entreprit de bonne heure de longs voyages. A quarante-deux ans, il fut placé à la tête d'une expédition dont le but était de découvrir par le nord un passage vers la Chine. Il avait été choisi à cause de sa valeur physique et morale: c'était un modèle de courage et de bonté, d'intelligence et de ténacité.

Il quitta Saint-Malo le 20 avril 1534 avec deux **vaisseaux** et soixante hommes, se dirigeant vers le nord-ouest. Grâce à une mer très belle et à des vents favorables, la traversée de l'Atlantique fut courte. Vingt jours après son départ, il atteignit la côte orientale de Terre-Neuve; il la **longea** et remonta vers le nord. Bientôt il aperçut une petite île qui semblait couverte d'une sorte de nuage en mouvement. En s'approchant, il vit que cet étrange nuage était simplement des milliers et des milliers d'oiseaux qui survolaient l'île. En même temps, il remarqua qu'une véritable armée peuplait cette île. Ce n'étaient pas des soldats, mais d'innombrables pingouins. Les marins français débarquèrent et commencèrent la chasse. Quelle chance! On allait pouvoir changer le menu si monotone du bateau: viande et poisson **salés** et fumés. La chasse fut très animée: les oiseaux étaient difficiles à attraper, certains mordaient comme des chiens. Elle s'arrêta lorsque la provision de nourriture fut jugée suffisante.

Le lendemain, c'est un ours blanc, "grand comme une vache et blanc comme un **cygne**," qui fut la victime. On le tua, on le fit cuire et on le trouva très bon. C'est Jacques Cartier lui-même qui nous donne ces détails intéressants. Il écrivait consciencieusement son journal, où il notait avec précision tous les évènements du voyage et le résultat de ses observations sur les vents, le climat, l'état de la mer et, plus tard, sur la nature des terres, les ressources réelles ou possibles, les habitants rencontrés.

Continuant son voyage, il arriva sur la côte du Labrador, ce pays alors mystérieux et qu'on croyait peuplé de griffons et de démons. Cartier y planta une grande croix, sur laquelle on lisait: "Vive le Roy de France."

Descendant vers le sud, il pénétra dans un **détroit** et pensa qu'il avait découvert l'entrée du passage vers la Chine. Bientôt la chaleur devint extrême. Il avait atteint la région que, dans son journal, il appela la baie des Chaleurs. Mais les arbres y étaient nombreux, et l'on pouvait s'abriter sous leur feuillage. On fut heureux de trouver des fruits en abondance, du **maïs** et des **pois** sauvages, et surpris de voir tant de fleurs.

Des Indiens passèrent dans leurs canots. Des peaux de bêtes couvraient leur corps, et une plume était souvent piquée dans leurs cheveux, liés sur leur **crâne**. Français et Indiens hésitèrent d'abord à se rencontrer. Ces derniers se décidèrent enfin à débarquer. Ils déposèrent des morceaux de viande sur le feuillage, aux pieds de Cartier, et allaient repartir quand les Français leur offrirent des couteaux et plusieurs chapeaux de couleur vive. Les sauvages, tout joyeux, retournèrent à leurs canots et en rapportèrent de belles peaux. Cette première rencontre avec les **indi-gènes** semblait annoncer que des gens de race différentes pouvaient devenir de bons amis. . . .

C'est à Gaspé que Jacques Cartier prit officiellement possession du Canada au nom du roi. Imitant les Portugais, qui avaient toujours marqué ainsi les lieux qu'ils découvraient, Cartier fit élever une croix, haute de trente pieds, portant un **écusson** où se trouvaient représentées trois fleurs de lys et un **écriteau** portant la même inscription que celle de la croix du Labrador: "Vive le Roy de France."

Fouré et Fouré

A. Choose the statement which best expresses the main idea:

1. An account of the discovery by Jacques Cartier of the territory extending from Labrador to the Gaspé peninsula, and his claiming it in the name of his King.

2. An extract from the diary kept by Jacques Cartier in which he noted what happened during his trip to Canada, the wealth of the new land, and its possibilities for the fur trade.

3. An episode of the trip to Canada by Cartier relating how his sailors were saved from starvation by the abundant supply of game they found on shore.

4. An account of the new lands discovered by Jacques Cartier with a description of its flora and fauna.

B. Find the meaning of the boldface words and expressions in the text.

C. Answer briefly the following questions:

1. In what town was Jacques Cartier born?

2. What was the purpose of the expedition undertaken under his command?

3. Give some traits of his character which explain why he was chosen.

4. How long did it take him to cross the Atlantic?

5. What kind of game did the sailors find at first?

6. Why were they delighted to find this game?

7. How do we know all the details of this trip?

8. What was the first land to be staked out in the name of the French king?

9. What kind of vegetation did they find along the "baie des Chaleurs"?

10. When Indians and Frenchmen met, who approached first?

11. What did the first exchange of gifts consist of?

12. What did the Indians bring the second time?

13. What was the custom observed by the Portuguese when they took possession of new lands?

14. Describe the cross with which Cartier marked his taking possession of Canada in the name of the French king.

8. Le Collège de France

Parmi les Instituts de haute science qui se trouvent **disséminés** au long de cette rue vénérable qu'est la rue Saint-Jacques, le plus original et aussi le plus intéressant est le Collège de France. Il est situé juste au coin de la rue des Ecoles et de la rue Saint-Jacques, avec un petit square par devant, ou plutôt deux petites **pelouses** entre lesquelles monte un escalier.

Le Collège de France est essentiellement un établissement de haute culture. Son seul but est l'avancement des connaissances humaines. C'est la plus libérale des institutions qu'un état ait jamais fondées. Il ne confère aucun diplôme; il n'y a aucun pro-

gramme d'enseignement. Son objet est de faire connaître les derniers progrès de la science dans tous les domaines, et d'en montrer les nouvelles branches **encore en voie de formation**. Chaque
professeur est un savant éminent dans son propre domaine, un
novateur, qui, par ses propres recherches, a fait avancer ou a créé
la science qu'il enseigne. Il choisit lui-même chaque année le sujet
de son cours et n'est **astreint** qu'à faire un très petit nombre de
leçons. Généralement il expose ses propres recherches; il les montre à l'état où elles sont arrivées, révélant ainsi la science en voie
de formation, encore à ses premiers stades de **tâtonnements**,
d'espoirs, d'incertitude, de succès et d'erreurs. Rien de plus intéressant, rien de plus vivant et de plus suggestif: la pensée qui
s'essaye à créer la vérité.

Le public n'est pas moins libre que le professeur. Les cours
sont publics et **gratuits**—c'est une des caractéristiques de l'enseignement supérieur en France que cette extrême libéralité.
Aucune condition d'âge, de grade universitaire, d'inscription
n'est demandée. Tout le monde peut entrer et n'a qu'à s'asseoir
sur une des chaises ou un des bancs qui se trouvent là: "**L'abreuvoir** est public et qui veut vient y boire."

On trouve, il est vrai de bien étranges personnages à ces cours;
je me rappelle avoir rencontré un jour un vieux **cocher de fiacre**
à un cours de **chinois**. On trouve aussi quelques auditeurs qui
viennent simplement se chauffer en hiver, ou bien dormir.
Ceux-là disparaissent généralement quand vient l'été. Ils vont au
Jardin du Luxembourg ou aux Tuileries. Mais ils ne sont pas
gênants: ce sont des gens d'humeur douce; ils ne font jamais de
révolutions.

. . . Je vins un jour y entendre Berthelot. Un petit escalier de
bois bien sombre m'amena dans une petite salle fournie comme
une école, de trois rangées de bancs et de tables en amphithéâtre.
C'était moitié une classe, moitié un laboratoire. Il y avait déjà
bien cinq ou six personnes, et une dizaine d'autres vinrent plus
tard. Berthelot arriva juste au moment où l'horloge sonnait. Mais

il n'entra pas par une porte; il surgit du plancher par une trappe. Vu dans l'entourage formé par cette salle pauvre, éclairée d'en haut par une lumière **crue**, au milieu de ces étranges **appareils**, Berthelot, vieux, avec son dos voûté, son large front, ressemblait à un de ces anciens alchimistes du moyen âge dont il a étudié lui-même les œuvres—à quelque Docteur Faust—commençant son travail quotidien et s'efforçant de découvrir **la pierre philoso-phale** et l'élixir de vie. D'une voix basse, il commença à parler des méthodes employées pour obtenir des substances organiques par synthèse au moyen de **l'étincelle électrique** et de la façon de faire l'analyse de ces substances. Devant lui, une large cuve de mercure brillait comme de l'argent fondu. Sur elle, il recueillait des gaz dans des tubes de verre, et avec une merveilleuse dex-térité, opérait et suivait les transformations de ces substances in-visibles. Un magicien? Oui, on se sentait en présence d'un magi-cien, mais le mystère **s'était évanoui**, et la raison humaine était désormais le seul charme opérant.

Georges Matisse
(Paris, Centre de Culture Intellectuelle)

A. *Choose the statement which best expresses the main idea.*

1. A description of a typical French college, the kind of teach-ing given there and the students who attend the lectures.

2. An account of the lectures given at the Collège de France by distinguished scholars and of the public who attend them.

3. The Collège de France is an institute of higher learning where the most distinguished scholars work together for the ad-vancement of science.

4. An account of the functions of the Collège de France, the kind of lectures given and a description of a lecture given by Berthelot.

B. *Find the meaning of the boldface words and expressions in*

C. Tell whether the following statements are true or false according to the text:

1. There are many schools along the Rue St. Jacques.

2. The Collège de France is an institution of higher learning.

3. The people who graduate from this school are all distinguished scholars.

4. Each teacher is a research scholar who has made an important contribution in his field of studies.

5. His teaching load is light and his course generally consists of an exposé of his own research.

6. The students are few and highly selected among the most promising and intelligent young people.

7. In summer, the courses are given either at the Luxembourg or at the Tuileries.

8. Berthelot, as an eminent chemist, was professor at the Collège de France.

9. The room where he gave his lectures was in a basement.

10. Amidst the strange apparatus, he looked rather weird, like an alchemist of ancient times.

11. Berthelot was trying to discover what the ancient alchemists had failed to find.

12. He had discovered a method of performing the synthesis of some substances by means of an electric spark.

9. La Première Croisade

Jérusalem venait de tomber aux mains d'une **horde farouche** de Turcs, et au lieu de la tolérance dont les califes de Bagdad et du Caire usaient à l'égard des **pèlerins**, ceux-ci étaient maintenant **abreuvés d'outrages**; ce n'était plus qu'avec de grands risques qu'on approchait des saints lieux. Pierre l'Ermite fit retentir la France du triste récit de ces calamités, et le peuple, saisi d'un pieux enthousiasme, s'arma partout pour arracher le **tombeau du**

Christ des mains des infidèles. Le concile de Clermont, réuni en 1095, sous la présidence du pape français Urbain II, prêcha la croisade; le nombre de ceux qui, en cette année et la suivante, attachèrent sur leur poitrine la croix de **drap** rouge, signe de leur engagement dans la sainte entreprise, monta à plus d'un million. L'Eglise les plaça sous la protection de la **trêve de Dieu**, et leur accorda pour leurs biens, pendant la durée de l'Expédition, plusieurs privilèges.

Il vint des hommes des plus lointains pays: On en voyait d'abord dans les ports de France, dit Guibert de Nogent, qui ne pouvant se faire comprendre, mettaient leurs doigts l'un sur l'autre en forme de croix pour marquer qu'ils voulaient s'associer à la guerre sainte. Les plus impatients, les pauvres, se confiant en Dieu seul, partirent les premiers, au cri de "Dieu le veut," sans préparatifs, presque sans armes. Femmes, enfants, vieillards, accompagnaient leur époux, leur père, leur fils, et on entendait les plus petits, placés sur des chariots que des bœufs traînaient, s'écrier, dès qu'ils voyaient un château, une ville: "N'est-ce pas là Jérusalem?" Une avant-garde de quinze mille hommes, qui à eux tous n'avaient que dix-huit chevaux, ouvrait la route sous les ordres d'un pauvre chevalier normand, Gauthier-Sans-Avoir. Pierre l'Ermite suivait avec 100.000 hommes. Une autre troupe fermait la marche, conduite par le prêtre allemand, Gotteschalck. Ils prirent par l'Allemagne, **égorgeant** en chemin les Juifs qu'ils rencontraient, **pillant** partout pour se procurer des vivres, et s'habituant à la violence. En Hongrie, les désordres furent tels, que la population s'arma et rejeta les croisés sur la Thrace, après en avoir tué beaucoup. Il n'en arriva à Constantinople qu'un petit nombre. L'empereur Alexis, pour se débarrasser de pareils auxiliaires, se hâta de les faire passer en Asie. Ils tombèrent tous sous les **sabres** des Turcs, dans la plaine de Nicée, et leurs **ossements** servirent plus tard à fortifier le camp des seconds croisés.

Victor Duruy
(*Histoire de France*)

A. *Choose the statement which best expresses the main idea.*

1. A description of the brutal treatments inflicted by the Turks upon pilgrims going to Jerusalem.

2. A description of the crimes of violence committed by the first crusaders on their way to Jerusalem.

3. An account of the first crusade, how it came about, who participated in it, and what was subsequently the fate of its members.

4. An attempt to describe the extraordinary enthusiasm and incredible ignorance of the poor people who participated in the first crusade.

B. *Find the meaning of the boldface words and expressions in the text.*

C. *Answer briefly the following questions:*

1. How were the pilgrims treated under the rule of Bagdad and Cairo?

2. What happened to the pilgrims when the Turks took possession of the Holy Land?

3. Who was the first man to arouse the anger of the people?

4. What did the Church do in order to protect the crusaders and their possessions?

5. How do we know that men from many lands participated in the crusade?

6. Who started first and how?

7. Give a detail which shows that the people had no idea how far away Jerusalem was.

8. Who commanded the advance guard? the main army? the rear guard?

9. Translate into English the name of the knight who led the poor people.

10. What excesses did some crusaders commit on their way to Jerusalem?

11. Why had their number so greatly diminished by the time they reached Constantinople?

12. How does one go from Constantinople to Asia? (Look at a map.)

13. What detail shows that there was a terrible massacre at Nicée?

10. L'Expérience du Pendule de Foucault

Une curieuse propriété du pendule est l'invariabilité du plan dans lequel il oscille. On peut démontrer cette invariabilité en utilisant un **dispositif** fort simple.

Un petit pendule, formé d'un fil supportant une balle de **plomb**, est suspendu à la **traverse d'une potence** fixée sur un plateau susceptible de tourner horizontalement. Laissant d'abord le plateau fixe, faisons osciller le pendule; il exécutera une série d'oscillations contenues dans le plan formé par les deux directions extrêmes qu'il atteint. Si maintenant on fait tourner lentement le plateau qui supporte le tout, on constate que ce mouvement de rotation n'influe pas sur la direction dans laquelle oscille le pendule; **autrement dit,** le plan d'oscillation semblera toujours dirigé vers le même point de la pièce où l'expérience est effectuée. Tel est le principe appliqué par le célèbre physicien Foucault afin de démontrer la rotation du globe terrestre. Le raisonnement est le suivant.

Puisque le plan d'oscillation d'un pendule constitue un **véritable repère** pour la mobilité des corps environnants, un pendule étant fixé à un support adhérant à la terre en rotation devra paraître déplacer la direction de ses oscillations **par rapport à ce** support, si celui-ci est bien entraîné par un mouvement réel de notre globe. Dans la **cave** de la maison qu'il habitait à **Paris,** Foucault entreprit, en 1851, de réaliser pour la première fois une telle expérience dont le plein succès **eut un profond retentisse-ment**. Aussi l'année suivante, cette démonstration fut-elle répétée solennellement et avec plus d'importance au Panthéon.

Pour constituer le pendule, une sphère de bronze de 28 kilogrammes, **munie** au-dessous d'une pointe **aiguë** fut suspendue à un fil d'acier fixé au sommet de la coupole du Panthéon. A l'extrémité de chaque oscillation du pendule, la pointe était obligée **d'entamer** la crête d'un petit **tas** de sable, où se produisait ainsi un petit **sillon** fixant exactement la direction du plan d'oscillation. Ce dernier restant invariable dans l'espace, le mouvement de rotation de la Terre déplace le tas de sable par rapport à lui; et comme ce déplacement est de quantité appréciable entre chaque large oscillation, on voit chaque fois la pointe graver un nouveau sillon à côté du précédent. Pour un spectateur placé derrière le tas de sable, la progression des sillons se fait vers la gauche, ce qui prouve bien que la Terre, entraînant le sable, se déplace vers la droite qui est le sens véritable de sa rotation.

Rudaux et Vaucouleurs
(*Astronomie, Les Astres, l'Univers*)

A. Choose the statement which best expresses the main idea.

1. The selection describes an experiment by Foucault which proved that the plane of oscillation of a simple pendulum remains constant.

2. The experiment described in this selection showed that the speed of the earth's rotation is constant for any given point.

3. The selection tells how Foucault utilized the fact that the plane of oscillation of a simple pendulum remains constant to prove the rotation of the earth.

4. The selection shows how the rotation of the earth could be used to demonstrate that the plane of oscillation of a simple pendulum remains constant.

B. Find the meaning of the boldface words or expressions in the text.

C. Answer briefly the following questions:

1. What is one of the properties of the pendulum which is mentioned in the selection?

2. What can the base of the pendulum do in the apparatus designed to show that property?

3. What happens when the base supporting the pendulum is rotated?

4. How will the plane of oscillation of a pendulum adhering to the earth be affected by the rotation of the earth?

5. Who devised an experiment based on this property of the pendulum?

6. Where did he first perform his experiment?

7. Where was it repeated?

8. What was the weight of the ball of the pendulum?

9. Why was it suspended from the dome?

10. What did the point attached to the ball strike when it oscillated?

11. Why did it not strike always at the same place?

12. What two things were shown by the marks on the sand?

11. Une Abbaye de Femmes au VI*ᵉ* Siècle

La reine Radegonde, ayant fui la cour du roi Chlother, son mari, le conjura, par **l'entremise** des plus saints personnages, de renoncer à la voir et de lui permettre d'accomplir ses vœux de religion. Chlother se montra d'abord sourd aux prières et aux sollicitations; finalement, il consentit à ce que la reine fondît à Poitiers un monastère de femmes, d'après l'exemple donné dans la ville d'Arles par une illustre Gallo-romaine, Cæsaris, sœur de l'évêque Cæsarius.

Ce fut vers l'année 555 que commença pour Radegonde la vie de retraite qu'elle avait si longtemps désirée. Cette vie selon ses rêves était la vie du **cloître**, l'austérité monastique, unie à quelques-uns des goûts de la société civilisée. **L'étude des lettres** figurait au premier rang des occupations imposées à la communauté; on devait y consacrer deux heures par jour, et le reste du temps était donné aux exercices religieux, à la lecture des livres saints et à des ouvrages de femme. Une des sœurs lisait à haute voix durant le travail fait en commun, et les plus intelligentes, au lieu de **filer**, de **coudre** ou de **broder**, s'occupaient dans une autre salle à transcrire des livres pour en multiplier les copies. Quoique sévère sur certains points, comme l'abstinence de viande et de pain, la règle tolérait quelque chose des commodités et des **délassements** de la vie mondaine; l'usage fréquent du bain dans de vastes **piscines** d'eau chaude, divers amusements et entre autres le jeu **de dés** étaient permis. La fondatrice et les dignitaires du couvent recevaient dans leur compagnie, non seulement les évêques et les membres du clergé, mais des laïques de distinction. Une table était souvent **dressée** pour les visiteurs et pour les amis; on leur servait des **collations** délicates et quelquefois de véritables **festins** dont la reine faisait les honneurs par courtoisie, tout en s'abstenant d'y prendre part. Il y avait déjà plus de dix ans que le monastère de Poitiers attirait sur lui l'attention du monde chrétien, lorsque le poète Venantius Fortunatus, dans sa course de dévotion et de plaisir à travers la Gaule, le visita comme une des choses les plus remarquables que pût lui offrir son voyage. Il y fut accueilli avec distinction; cet empressement que la reine témoignait aux hommes d'une âme pieuse et d'un esprit cultivé lui fut prodigué comme à l'hôte le plus illustre et le plus aimable. Il se vit **comblé** par elle de soins, d'égards, et surtout de **louanges**. Cette admiration, reproduite chaque jour sous toutes ses formes, et distillée pour ainsi dire à l'oreille du poète, le retint par un charme nouveau plus longtemps qu'il ne l'avait prévu. Les semaines, les mois se passèrent; tous les délais furent épuisés; et quand le voyageur parla de se remettre en route, Radegonde lui dit: "Pourquoi partir? pourquoi ne pas rester près de nous?" Ce vœu d'amitié fut pour For-

4. Radegonde had a great love for letters and poetry.

5. She was the first woman to advocate that women should be taught to read.

6. Under the influence of the barbarians, all vestiges of civilization had disappeared by the middle of the VIth century.

7. The rule of the convent was not unduly severe and allowed intellectual pleasures.

8. The food was always abundant and delicate and no restrictions were imposed on the nuns.

9. Fortunatus visited the convent while traveling in the country.

10. He was a poet of some distinction and as such was welcome as a guest in the convent.

11. Queen Radegonde succeeded in persuading him to stay near them.

12. He did so, and by assuming many duties, became a valuable help to the convent.

12. On Découvre que l'Air Est Pesant

Les plus anciens philosophes paraissent avoir soupçonné que l'air est un corps pesant. Aristote dit **formellement** dans le quatrième livre de l'ouvrage **intitulé** "du Ciel" qu'une **outre** pleine d'air pèse plus que la même outre vide. Mais il paraît se contredire lui-même dans un autre passage où il dit que la terre est un corps pesant, le feu un corps léger **par excellence**, tandis que l'eau et l'air ne sont pesants ou légers qu'accidentellement. La plupart des philosophes qui suivirent Aristote adoptèrent cette dernière opinion. Enfin, en 1643, une découverte capitale, amenée par une circonstance fortuite, détermina peu à peu les savants à abandonner une théorie qui avait régné pendant près de deux mille ans.

En 1640, un fontainier du grand-duc de Toscane ayant établi une **pompe aspirante** ordinaire pour élever de l'eau dans un **tuyau** de 40 pieds de hauteur environ, le **niveau** de l'eau dans l'intérieur du tuyau se maintint constamment à la hauteur de 32 pieds. Quels que fussent les soins apportés à la construction de la machine, le résultat était toujours le même. Le fontainier, fort surpris, alla en demander l'explication à Galilée, l'un des plus grands génies de son siècle, le même savant qui fut persécuté pour avoir soutenu que la terre tourne. A cette époque, on croyait **rendre compte de** l'élévation de l'eau dans les pompes en disant que la nature a horreur du **vide**; l'air étant enlevé du tuyau d'ascension par le jeu de la pompe, l'eau devait venir prendre la place de l'air pour qu'il ne se formât pas de vide. On rapporte que Galilée donna cette même explication au fontainier, et qu'il ajouta qu'à une hauteur de 32 pieds, la nature n'avait sans doute plus horreur du vide. Toutefois, peu satisfait de cette **prétendue** solution, il soupçonna que l'eau ne s'élève dans l'intérieur d'un tuyau vide d'air que parce qu'elle est pressée par le poids de l'air à l'extérieur. Mais la mort l'empêcha de confirmer par des expériences l'exactitude de cette nouvelle théorie.

Cette gloire était réservée à Torricelli, élève de Galilée, à qui le maître avait probablement communiqué ses réflexions sur la **pesanteur** de l'air. Torricelli pensa que si le poids de l'air pouvait maintenir une colonne d'eau soulevée à 32 pieds au-dessus de son niveau extérieur, le même poids soutiendrait, à une hauteur beaucoup plus petite, un liquide plus lourd que l'eau, le mercure par exemple. Une expérience mémorable, faite en 1643, justifia pleinement ses prévisions: il prit un tuyau ou tube de verre, fermé à l'une de ses extrémités et ouvert à l'autre. Il le remplit exactement de mercure, le ferma avec le doigt et le renversa sur une petite **cuvette** pleine de mercure, en ayant soin de tenir le doigt plongé dans le liquide; retirant ensuite le doigt avec précaution, il vit le mercure descendre dans le tube, et s'arrêter à une hauteur de 28 **pouces** environ (76 centimètres) au-dessus du mercure de la cuvette. . . .

Le mercure pèse treize fois et demie autant que l'eau sous le même volume; c'est-à-dire que 1 litre d'eau pesant 1 kilogramme, 1 litre de mercure pèse 13 kilogrammes et demi; on conçoit d'après cela que la hauteur de mercure soulevé dans le tube de Torricelli doit être treize fois et demie moindre que la hauteur qu'atteint l'eau dans le tuyau d'ascension d'une pompe; en effet, 28 pouces répétés treize fois et demie forment à peu près 384 pouces ou 32 pieds. . . .

Le tube de Torricelli est donc un instrument propre à mesurer le poids de l'atmosphère, ce qui lui a fait donner le nom de baromètre (de deux mots grecs, "baros," poids; "metron," mesure) . . . Ce poids est ce que l'on nomme la pression atmosphérique.

Mariotte-Davies
(*An Elementary Scientific French Reader*)

A. Choose the statement which best expresses the main idea:

1. The selection describes the experiment made by Torricelli which proved that air is heavy and exerts some pressure.

2. Although it had been known since antiquity that air was heavy, no one knew how to measure its pressure until Torricelli made his experiment.

3. Galileo was the first to measure atmospheric pressure with water and Torricelli repeated the experiment with mercury in order to verify the findings of his master.

4. The selection relates the circumstances which led to Torricelli's experiment and how it resolved the question as to whether air was heavy or not.

B. Find the meaning of the boldface words or expressions in the text.

C. Answer briefly the following questions:

1. Who first suspected that air could be heavy?

2. What was the opinion of Aristotle regarding the weight of (a) the earth, (b) fire, (c) water and air?

3. How long did Aristotle's theory prevail?

4. What did the fountain maker want to do?

5. At what height did the water stop in the pipe?

6. To whom did the fountain maker go for an explanation?

7. What was the common explanation given for the elevation of water in a pipe?

8. What answer did Galileo give at first?

9. Why did not Galileo investigate his new hypothesis?

10. What were the relations between Galileo and Torricelli?

11. With what liquid did Torricelli intend to verify his hypothesis?

12. What precaution did he take when he inverted the tube?

13. Why is the height of the mercury column $13\frac{1}{2}$ times lower than a column of water would be?

14. What does the barometer measure?

13. Plaisirs d'un Parisien

On n'aurait pas donné une vue satisfaisante de la vie intellectuelle d'un Parisien, si l'on négligeait de parler d'un de ses plus charmants épisodes: les douces **flâneries** au long des quais, à la chasse des vieux **bouquins**, et les longues stations sous les galeries de l'Odéon, d'où jaillissent sans cesse de nouveaux livres.

Les galeries de l'Odéon forment comme une **guirlande** au Théâtre de l'Odéon. Elles l'entourent d'une ceinture de livres, de livres tout nouvellement **éclos**, sentant encore l'encre d'imprimerie, et dont les feuillets ne sont pas encore coupés. Toute la nouvelle littérature, tout ce qui vient de paraître en science, en art, en poésie, **déferle là**, et ses flots toujours nouveaux arrivent, **bousculant** les vieilles vagues qui se retirent. Ici les livres nouveaux sont offerts à votre curiosité, ils vous sollicitent, vous tendent les bras, ils **clament** leur titre, le nom de leur auteur, et dans leur robe jaune, rouge, bleue ou **mauve**, ils vous adressent un sourire amical. Là, à l'abri de la pluie ou du soleil—mais non du vent et des courants d'air, ces galeries étant ouvertes de trois côtés—vous, le passant de la rue, vous n'avez qu'à venir. Et comment résister? Vous avisez un livre, vous le prenez, vous l'ouvrez, et—sans couper les pages toutefois, c'est le seul fruit défendu—vous lisez, vous lisez un quart d'heure, une demi-heure, une heure si vous voulez. Si ce livre ne vous plaît pas, ou quand vous avez satisfait votre curiosité, vous en prenez un autre, puis un troisième, puis un dixième. Si, dans le tas, l'un vous semble digne d'être offert à un ami, eh bien, vous l'achetez. Si vous êtes de méchante humeur ou bien **à court d'argent** et que rien ne **trouve grâce devant** votre sévère critique, eh bien, vous vous en allez tranquillement, et personne ne vous demande rien, personne ne s'occupe de vous. Mais quand on est d'humeur aimable, de disposition conciliante, que la vie est douce, et qu'il vous reste encore, au fond de votre poche, quelques pièces qui s'ennuient dans leur **cachot**, il est bien rare que, parmi plusieurs centaines de livres, si engageants d'aspect, si prometteurs de titre, il n'y en ait pas un ou deux, aux sollicitations desquels vous ne vous sentez pas la force de dire: non. Vous les achetez comme, dans les pays d'Orient, un pacha achète une belle esclave au marché. Et vous êtes presque aussi content que le pacha.

Que dire des flâneries sur les quais à la recherche des vieux bouquins? C'est le Paradis. Là, sur les bords de la Seine, de l'Institut de France au Jardin des Plantes, et sur l'autre rive aussi, les boîtes **s'alignent** au dos des parapets, pleines de trésors. Tous les livres de tous les siècles sont là, pêle-mêle, **en cohue**. C'est une foule poussiéreuse et **bigarrée**, cosmopolite et pittoresque. . . . On passe de boîte en boîte: ici les livres s'interrompent et vous

5. The upper seats at the Odéon Theater are very drafty.

6. The pages of a new book are not cut, thus preventing people from examining them before buying.

7. Books are sometimes bought as a present for a friend.

8. The practice of browsing without buying anything is frowned upon by the owners of bookshops.

9. The acquisition of a new book is a real thrill for a Parisian.

10. On the banks of the Seine one can find old books and engravings.

14. Le Rire

Notre rire est toujours le rire d'un groupe. Il vous est peut-être arrivé, en wagon ou à table d'hôte, d'entendre des voyageurs se raconter des histoires qui devaient être comiques pour eux puisqu'ils en riaient de bon cœur. Vous auriez ri comme eux si vous eussiez été de leur société, mais, n'en étant pas, vous n'aviez aucune envie de rire. Un homme, à qui on demandait pourquoi il ne pleurait pas à un sermon où tout le monde versait des larmes, répondit: "Je ne suis pas de la **paroisse.**" Ce que cet homme pensait des larmes serait bien plus vrai du rire. Si **franc** qu'on le suppose, le rire cache une **arrière-pensée d'entente,** je dirais presque de complicité, avec d'autres rieurs, réels ou imaginaires. Combien de fois n'a-t-on pas dit que le rire du spectateur, au théâtre, est d'autant plus large que la salle est plus pleine? Combien de fois n'a-t-on pas fait remarquer, d'autre part, que beaucoup d'effets comiques sont intraduisibles d'une langue dans une autre, relatifs par conséquent aux mœurs et aux idées d'une société particulière? Mais c'est pour n'avoir pas compris l'importance de ce double fait qu'on a vu dans le comique une simple curiosité où l'esprit s'amuse, et dans le rire lui-même un phénomène étrange, isolé, sans rapport avec le reste de l'activité humaine. De là ces définitions qui tendent à faire du comique une relation abstraite aperçue par l'esprit entre des idées, "contraste intellectuel" "absurdité sensible," etc., définitions qui, même si elles convenaient réellement à toutes les formes du comique, n'expliqueraient pas **le moins du monde** pourquoi le comique nous fait rire. D'où viendrait en effet, que cette relation logique particulière, aussitôt aperçue, nous contracte, nous **dilate,** nous secoue, alors que toutes les autres laissent notre corps indifférent? Ce n'est pas par ce côté que nous **aborderons** le problème. Pour comprendre le rire il faut le replacer dans son milieu naturel, qui est la société; il faut surtout en déterminer la fonction utile qui est une fonction sociale. Telle sera, disons-le dès maintenant, l'idée directrice de toutes nos recherches. Le rire doit répondre à certaines exigences de la vie en commun. Le rire doit avoir une signification sociale.

Henri Bergson

(*Le Rire*)

A. Choose the statement which best expresses the central idea:
1. Laughter is a social phenomenon.
2. Laughter is always caused by something which happens to someone belonging to one's own group.
3. One laughs best when one's laugh is shared by others.
4. The things which cause laughter in one group do not always provoke laughter in another group.

B. Find the meaning of the boldface words and expressions in the text.

C. Answer briefly the following questions:
1. Where do you often hear funny stories?
2. Why did the man mentioned in the selection abstain from crying?
3. When is the laughter most hearty at the theater?

4. Why is it not always possible to understand the sense of humor of other countries?

5. What false definitions have been given for the things which make people laugh?

6. From what viewpoint is the author going to study the psychology of laughter?

7. What is the main fact which led the author to the conclusion that laughter is a social phenomenon?

15. La Chasse chez les Peuples Primitifs

Considérons d'abord les opérations par lesquelles le groupe social se procure sa nourriture, et plus spécialement, la chasse et la **pêche**. Le succès dépend ici d'un certain nombre de conditions objectives: présence du **gibier** ou du poisson en un endroit déterminé, précautions pour en approcher sans lui **donner l'éveil**, **pièges** tendus pour l'y faire tomber ou l'y pousser, projectiles pour l'atteindre, etc. Mais, pour la mentalité des sociétés inférieures, ces conditions, bien que nécessaires, ne sont pas suffisantes. D'autres conditions sont **requises**. Si elles ne sont pas remplies, les moyens employés manqueront leur but, quelle que soit l'adresse du chasseur et du pêcheur. Ces moyens doivent posséder une vertu magique, être revêtus, pour ainsi dire, par des opérations spéciales, d'une force mystique. **Faute de** ces opérations magiques, le chasseur ou le pêcheur le plus expérimenté ne rencontrera ni gibier ni poisson. Ou bien celui-ci échappera à ses pièges et à ses **hameçons**; ou bien son **arc** ou son fusil **rateront**; ou enfin la proie, même atteinte, sera invulnérable; ou, même blessée, elle demeurera introuvable. Aussi les opérations mystiques ne sont-elles pas de simples préliminaires de la chasse ou de la pêche (comme la messe de la Saint-Hubert, par example) la poursuite du gibier ou du poisson demeurant l'essentiel. Au contraire, pour la mentalité prélogique, cette poursuite effective n'est pas le plus important. Ce qui est essentiel, ce sont les opérations mystiques, qui, seules, peuvent assurer la présence et la capture de la proie. Si elles n'ont pas eu lieu, il ne vaut pas la peine d'essayer. . . .

Pour la chasse, la première condition est d'exercer sur le gibier une action magique qui en assure la présence, **bon gré mal gré**, et qui le contraigne à venir, s'il est loin. Dans la plupart des sociétés inférieures, cette opération est considérée comme indispensable. Elle consiste surtout en danses, en incantations et en **jeûnes**. Catlin a décrit en détail la danse du bison, "exécutée **en vue de faire venir le bison**. . . . Environ cinq ou quinze Mandans à la fois prennent part à la danse; chacun a sur la tête la peau de la tête d'un bison, ou un masque la représentant, avec ses **cornes**. Il tient à la main son arc ou sa lance, l'arme qui lui sert d'habitude à tuer le bison. . . . La danse continue sans interruption jusqu'à ce que le bison paraisse; parfois deux ou trois semaines sans arrêter un seul instant. . . . Elle représente la chasse où le bison est pris et tué. . . . Quand un Indien est fatigué, **il le donne à entendre** en se penchant de tout son corps en avant, et **en faisant mine de** tomber; un autre alors le vise avec son arc, et le frappe d'une **flèche émoussée**. Il tombe comme un bison . . . les assistants s'emparent de lui, le tirent hors du cercle par les **talons**, en brandissant leurs couteaux sur lui, et en mimant tous les gestes qui serviraient à **l'écorcher** ou à le **dépecer**. Puis on le laisse aller, et sa place est aussitôt occupée par un autre, qui entre dans la danse avec son masque . . . et ainsi de suite, jusqu'à ce que les bisons viennent." [1] C'est une sorte de drame ou bien de pantomime, qui figure le gibier et le sort qu'il subit quand il est tombé aux mains des Indiens. Comme, pour la mentalité prélogique, il n'y a pas d'image pure et simple, comme l'image participe de l'original, et réciproquement, l'original de l'image, posséder l'image est déjà, d'une certaine manière, s'as-

---

[1] Catlin, *The North American Indian*.

surer la possession de l'original. C'est la participation mystique
qui fait la vertu de l'opération.

L. Lévy-Bruhl

(*Les Fonctions Mentales dans les Sociétés Inférieures*)

A. Choose the statement which best expresses the main idea.

1. Primitive people perform certain rites before hunting or
fishing in order to call the blessing of their gods upon the expedition.

2. The meaning of the rites performed by primitive people
before hunting or fishing remains a mystery to anthropologists.

3. Mystical rites always precede fishing and hunting among
primitive people and are considered essential to the success of the
expedition.

4. The rites performed before the buffalo hunt take the form
of a dance reenacting the hunting and killing of the game.

*B. Find the meaning of the boldface words and expressions in
the text.*

*C. Tell whether the following statements are true or false ac-
cording to the text:*

1. Primitive peoples do not believe that the success of the hunt
depends on external conditions alone.

2. They must secure some magical power over the fish or game.

3. They perform certain rites before their hunting or fishing
expeditions to placate their gods.

4. The rites they perform are considered an essential requirement for the success of the expedition.

5. Instead of going after the game, primitive people know how
to make the game come to them.

6. The rites performed consist mainly of dances, fasts and incantations.

7. Catlin has described the rites held before hunting the beaver in Mexico.

8. The dance described by Catlin reenacts the hunting and killing of the game.

9. If one of the dancers falters, the others kill him.

10. They skin him and cut him to pieces just as they would a buffalo.

11. This human sacrifice is supposed to attract the game.

Key to the Exercises

Key to the Exercises

Chapter I. A Study of Cognates

A. *COGNATES WITH SLIGHT DIFFERENCES IN SPELLING*

Exercise 1

1. chapter 2. powder 3. drama 4. formula 5. ancestor 6. assault 7. debt
8. autumn 9. brief 10. reign 11. to approach 12. vulgar 13. Roman
14. pearl 15. zeal 16. marble 17. sovereign 18. combination 19. angel
20. delicacy 21. to lodge 22. lodging 23. destiny 24. audacity 25. monotonous 26. barbarous 27. tobacco 28. to accustom 29. ferocious 30. picturesque 31. contemporary

B. *COGNATES WITH SLIGHT DIFFERENCES IN MEANING*

Exercise 2

1. summit, top 2. enervate, weaken 3. tribunal, court 4. to retard, to slow down 5. homage, respect 6. to vaunt, boast 7. cinders, ashes 8. prodigious, extraordinary 9. effectuate, accomplish 10. fabricate, make, produce 11. debris, fragments, pieces 12. to feign, pretend 13. sonorous, resonant 14. piquant, pungent, sharp 15. rigorous, stern 16. equilibrium, balance 17. sin-

ister, ominous 18. mute, dumb 19. to attest, testify 20. rancor, spitefulness
21. vertigo, dizziness

C. DECEPTIVE COGNATES

Exercise 3

1. fool, crowd 2. day long, journey 3. to sort, to go out 4. reading, lecture
5. poverty, misery 6. bookstore, library 7. succeed, inherit

Chapter II. Formation of French Words

A. WORD FAMILIES

Exercise 4

a) 1. qui a de la barbe
   2. " " des cheveux
   3. " " du poil
   4. " " une pointe
   5. " " des cornes

b) 1. collection de branches
   2. " " cordes
   3. " " plumes
   4. " " bandes
   5. " d'herbe

c) 1. enlever les branches
   2. " les fruits
   3. " la crème
   4. " les cornes
   5. " les graines

Exercise 5

a) 1. qui se rapporte à l'air
   2. " " " à l'océan
   3. " " " à l'Europe
   4. " " " au collège
   5. " " " au Christ

b) 1. celui qui travaille le plomb
   2.   "   "   "   le marbre
   3.   "   "   "   le verre
   4.   "   "   "   le plâtre
   5.   "   "   "   la pâte

c) 1. couvert de nuages
   2.   "   de neige
   3.   "   de ténèbres
   4.   "   d' huile
   5.   "   de graisse

d) 1. qui touche le bord
   2.   "   "   la côte
   3.   "   "   la rive
   4.   "   "   le but
   5.   "   "   le bout

e) 1. mettre en   barque
   2.   "   "   poche
   3.   "   dans un gouffre
   4.   "   dans un registre
   5.   "   dans une caisse

Exercise 6

a) 1. chose pour raser
   2.   "   "   presser
   3.   "   "   fermer
   4.   "   "   passer
   5.   "   "   rôtir

b) 1. place où on dort
   2.   "   "   "   parle
   3.   "   "   "   lave
   4.   "   "   "   observe
   5.   "   "   "   fume

c) 1. qui peut être mangé
   2.   "   "   "   accepté
   3.   "   "   "   porté
   4.   "   "   "   supporté
   5.   "   "   "   fait

d) 1. qui aime se quereller
   2.   "   "   rire
   3.   "   "   se moquer
   4.   "   "   travailler
   5.   "   "   lire

Exercise 7

a) 1. qui se rapporte à la mort
   2.   " "   "   à la chair
   3.   " "   "   à l'année
   4.   " "   "   à l'habitude
   5.   " "   "   à l'éternité

b) 1. qualité de celui qui   obéit
   2.   "   "   "   "   croit
   3.   "   "   "   "   est prudent
   4.   "   "   "   "   est patient
   5.   "   "   "   "   est diligent

c) 1. ce qui n'est pas prévu
   2.   "   "   "   "   humain
   3.   "   "   "   "   possible
   4.   "   "   "   "   juste
   5.   "   "   "   "   habité

d) 1. dire   à l'avance
   2. méditer   "   "
   3. juger   "   "
   4. destiner   "   "
   5. munir   "   "

Exercise 8

a) 1. celui qui passe
   2. " " chasse
   3. " " laboure
   4. celle " danse
   5. " " lave

b) 1. se battre avec
   2. joindre "
   3. se fédérer "
   4. habiter "
   5. opérer "

c) 1. ce qui vole
   2. " bat
   3. celui qui passe
   4. " " mendie
   5. " " fabrique

d) 1. prudently
   2. intelligently
   3. constantly
   4. violently
   5. ardently

Exercise 9

a) 1. ensemble des cheveux
   2. " " armes
   3. " " voiles
   4. " " membres
   5. " de ce qui est vert

b) 1. qui mange de tout
   2. " " de l'herbe
   3. " " des insectes
   4. " " des fruits
   5. " " des graines

c) 1. boutique du boulanger
   2. " du laitier
   3. " du fruitier
   4. " du boucher
   5. " de l'épicier

d) 1. qui n'a plus d' os
   2. " " " de sel
   3. " " " de couleur
   4. " " " de plumes
   5. " " " de feuilles

Exercise 10. Recapitulation

1. allumette 2. accréditer 3. adossé 4. accroître 5. apprenti 6. bénin
7. trottoir 8. blondasse 9. découpage 10. cassage 11. chaufferette 12. détachement 13. levure 14. fermoir 15. éclaircissement 16. blanchissage
17. noblesse 18. diablesse 19. soupière 20. drôlerie 21. brassée 22. richard
23. éventail 24. cordage 25. échappement 26. effondrement 27. s'ensabler
28. transborder 29. malentendu 30. malaisé 31. impuissant 32. édenté
33. assouplir 34. cordelier 35. écriteau 36. aileron 37. lionceau 38. annuler
39. enjamber 40. assourdir

B. *RELATED VERBS*

Exercise 11

1. recueillir 2. abattre 3. s'abstenir 4. composer 5. admettre 6. convenir
7. contrefaire 8. opposer 9. apporter 10. survenir 11. équivaloir 12. importer 13. entrevoir 14. dégeler 15. discourir 16. proposer 17. rabattre
18. délier 19. prévenir 20. souscrire 21. s'enquérir 22. dépeindre 23. colporter 24. prévoir 25. advenir 26. disjoindre 27. abstraire 28. entremettre 29. superposer 30. concourir 31. maintenir 32. surfaire 33. interposer 34. entreprendre 35. soutenir 36. revenir 37. défaire 38. coordonner
39. extraire 40. inscrire 41. requérir 42. adjoindre 43. combattre 44. exposer 45. transporter 46. contenir 47. soustraire 48. proscrire 49. conjoindre 50. survivre 51. se démettre 52. recomposer 53. subordonner
54. recourir 55. dénouer 56. permettre 57. apposer 58. appartenir
59. soumettre 60. supposer 61. obtenir 62. circonvenir 63. conscrire
64. conquérir 65. repeindre 66. accueillir 67. débattre 68. disposer
69. exporter 70. transmettre 71. satisfaire 72. détenir 73. accourir
74. retenir 75. juxtaposer 76. s'ébattre 77. omettre 78. déporter 79. revaloir 80. transcrire 81. rejoindre 82. compromettre 83. emporter 84. rejeter 85. secourir 86. émettre 87. devenir 88. décomposer 89. mésallier
90. prédisposer

C. *COMPOUND WORDS*

Exercise 12

1. nutcracker 2. breadwinner 3. drawbridge 4. deaf-mute 5. alarm clock
6. tête-à-tête 7. larder 8. platform 9. corkscrew 10. cut-throat place

Chapter III. Recognition of Verb Forms

A. DIFFICULT ENDINGS

Exercise 13

1. nous répondîmes 2. il se corrigea 3. il s'endurcit 4. tu cuvas 5. vous mordîtes 6. je retins 7. qu'elle brûlât 8. que nous puissions 9. que je liasse 10. que vous courbassiez 11. qu'il écaillât 12. qu'elles missent 13. que nous vinssions 14. ils vainquirent 15. elle fronça 16. elle se raidit 17. nous pliâmes 18. vous mêlâtes 19. que je vernisse 20. que nous criassions 21. vous courûtes 22. nous pûmes 23. elle fut 24. nous rîmes 25. je vins 26. nous crûmes 27. elles lurent 28. nous vécûmes 29. que tu disses 30. qu'elle répandît 31. qu'ils voulussent 32. que vous eussiez 33. il se tut 34. nous eûmes 35. elle geignit 36. que nous sussions 37. que vous vissiez 38. qu'il fît 39. il sut 40. nous dûmes 41. que tu puisses 42. nous survînmes 43. vous vîtes 44. qu'ils retinssent 45. vous prîtes

B. IRREGULAR VERB FORMS

Exercise 14

1. jauger 2. niveler 3. appuyer 4. bayer 5. s'ennuyer 6. étinceler 7. essayer 8. ondoyer 9. atteler 10. nettoyer 11. essanger 12. se dévoyer 13. balancer 14. feuilleter 15. s'égayer 16. fureter 17. balayer 18. projeter 19. défrayer 20. rayer 21. grever 22. étayer 23. peser 24. gruger 25. aboyer 26. lancer 27. crever

Exercise 15

1. recueillir 2. adjoindre 3. concevoir 4. élire 5. suffire 6. s'endormir 7. revenir 8. acquérir 9. décevoir 10. défaire 11. décroître 12. se revêtir 13. accourir 14. apercevoir 15. éteindre 16. repartir 17. recouvrir 18. haïr 19. poursuivre 20. maudire 21. accueillir 22. convenir 23. découdre

24. conclure 25. bouillir 26. survenir 27. conquérir 28. se taire 29. méconnaître 30. retenir 31. pouvoir 32. contraindre 33. ressentir 34. se mouvoir 35. prévoir 36. détenir 37. assaillir 38. résoudre 39. ceindre 40. s'enfuir 41. mourir 42. mentir 43. pleuvoir 44. s'asseoir 45. pourvoir 46. requérir 47. détruire 48. absoudre 49. nuire 50. contrefaire 51. feindre 52. reluire 53. accroître 54. pouvoir 55. falloir 56. soutenir 57. démentir

Exercise 16

1. mentir 2. éteindre 3. s'éprendre 4. comprendre 5. enfreindre 6. plaire 7. extraire 8. apercevoir 9. introduire 10. parvenir 11. mordre 12. réduire 13. recoudre 14. provenir 15. confondre 16. croire 17. ceindre 18. renaître 19. rabattre 20. s'entretenir 21. promettre 22. prescrire 23. élire 24. enjoindre 25. prendre 26. teindre 27. interdire 28. recevoir 29. méconnaître 30. s'endormir 31. boire 32. geindre 33. se compromettre 34. rejoindre 35. prévoir 36. répondre 37. tressaillir 38. prédire 39. se plaindre 40. redire 41. mourir 42. s'enfuir 43. se réjouir 44. haïr 45. se dévêtir 46. accourir 47. se méprendre 48. mouvoir 49. faire 50. reconquérir

Exercise 17

1. percevoir 2. se taire 3. croire 4. avoir 5. vivre 6. prévoir 7. relire 8. devoir 9. plaire 10. savoir 11. plaire, pleuvoir 12. se mouvoir 13. savoir 14. naître 15. mourir 16. émouvoir 17. recouvrir 18. s'éprendre 19. souffrir 20. décevoir 21. découdre 22. conquérir 23. boire 24. être 25. pouvoir 26. sourire 27. promettre 28. concevoir 29. joindre 30. percevoir 31. abattre 32. mordre 33. réduire 34. pourvoir 35. prévaloir 36. feindre 37. vaincre 38. tressaillir 39. apparaître 40. advenir 41. soutenir

Exercise 18

1. will 2. would 3. would 4. will 5. would 6. will 7. will 8. would 9. would 10. will 11. will 12. will 13. would 14. would 15. will 16. will 17. will 18. will 19. will 20. would 21. would 22. would 23. will 24. will 25. would 26. would 27. would 28. will 29. would 30. would 31. will 32. will 33. would 34. will 35. would 36. will 37. will 38. will 39. will 40. would

Exercise 19

1. aller 2. venir 3. apercevoir 4. recevoir 5. faire 6. vouloir 7. manger
8. revenir 9. tenir 10. voir 11. craindre 12. peindre 13. avoir 14. pouvoir 15. avoir 16. être 17. devoir 18. écouter 19. faire 20. avoir 21. être
22. devenir 23. sortir 24. craindre 25. atteindre 26. rejoindre 27. acquérir
28. vaincre 29. valoir 30. revêtir 31. boire 32. acquérir 33. boire
34. faire 35. croire 36. vivre 37. naître 38. aller 39. vouloir 40. savoir

Chapter IV. Guessing Word Meanings by Inferences from the Context

Part A
A STUDY OF INFERENCE PROCESSES IN ENGLISH [1]

Exercise 20

1. very poor; very bad; muddy
2. reaping
3. hesitated; dilly-dallied; delayed
4. broom
5. impossible to guess at this stage
6. get up! giddyup!
7. some kind of tree (bearing catkins)
8. a lot of; a quantity of; an abundance of
9. extinguish; put out
10. gleaned; picked up; picked out (ears of wheat)
11. difficult to guess at this stage
12. serious; solemn; prim
13. impossible to guess at this stage

[1] We are listing all the answers guessed by students and which proved to be acceptable.

14. beehive
15. huddle by; sit near, crouch
16. spoil; rot
17. dawdled; dilly-dallied; took my time (cf. 3)
18. wrap; wrap up; envelop; cover up
19. contradict, go against
20. something
21. impossible to guess at this time
22. a lot of (cf. 8)
23. sobered up; chastened; quiet; embarrassed; the way you look and act when you are crestfallen.
24. spoiled; rotted (cf. 16)
25. in a hurry; quickly
26. very, mighty
27. impossible to guess (goes with youth; may be lithe, graceful, nimble)
28. in all seriousness; seriously (cf. 11)
29. hungry, starved; empty; wanting some food
30. wrapped up; enveloped (cf. 18)
31. something (cf. 20)
32. in bloom; flowering
33. confused; mixed; twisted; topsy-turvy
34. extinguished; put out (cf. 9)
35. silent; solemn; mum; quiet (cf. 23, 12)
36. beehive; hive (cf. 14)
37. contrariwise; against (cf. 19)
38. festivity; party; feast; celebration
39. cowslip
40. very cold; chilly; frozen
41. munch; eat
42. cross-question; check; ask questions about; cross-examine
43. dumbfounded; bewildered; stupefied; taken aback; very surprised; flabbergasted; the way you look when taken by surprise
44. bewildered; rattled; confused; flabbergasted; the way you react when taken by surprise
45. cranky; crotchety; spoilsport
46. beating against; tapping; hitting against
47. floor; stone floor; flagstones; tiles
48. difficult to guess; could be very proud of or very fond of
49. come back home; return home
50. haggle; argue over the price

Part B
APPLICATION OF THE PROCESS TO FRENCH WORDS

DEFINITION, DESCRIPTION

Exercise 21 (a)

1. dog-house; kennel   2. sentry-box   3. den   4. bald   5. heady, intoxicating
6. minute, tiny, very small, cramped   7. honest, conscientious   8. to sip,
drink slowly   9. limps

Exercise 21 (b)

1. crossly, disagreeably, in bad humor, sulkily   2. fireplace, hearth   3. tired,
exhausted, worn out   4. staggering, stumbling, walking drunkenly   5. hat-
rack, hook   6a. a knapsack, game bag, hunting bag   6b. game   7. crabbed,
quarrelsome, disagreeable   8. puzzled, confused, bewildered, uncertain
9. hoarfrost   10. fell, lay prone, fell flat   11. red clouds, rain clouds   12. poker
13. perched   14. scratched, clawed   15. felt their way, moved cautiously,
groped   16. chattered, talked excessively   17. elephant-handler, elephant-boy

SYNONYMS

Exercise 22

1. mockery, taunt, gibe, scoff   2. precipice, chasm, canyon   3. anger, rage,
wrath   4. conceal, hide, keep (anything from)   5. frankness, truthfulness,
veracity, honesty   6. plundered, robbed, despoiled, took everything from
7. fretted, complained, whined   8. slipped away, got away, ran away   9. de-
stroy, ruin, annihilate, eradicate completely   10. rich, well-to-do, wealthy
11. very tired, exhausted, worn out, at the end of her endurance   12. rebuked,
reprimanded, corrected   13. robust, strong, sturdy, well built   14. sneered,
laughed maliciously   15. fell, tumbled down   16. in shreds, in tatters, in rags,
all torn   17. bump into, collide with, knock or strike against   18. disconnect-
edly, in broken snatches, all jumbled up   19. desirable, attractive, promising

ANTONYMS

Exercise 23

1. stingy, tight   2. local   3. lazy, idle, indolent, loafing   4. to loiter, dawdle, wander aimlessly   5. remember, recall, bring back to mind   6. drunk, inebriated   7. bored, displeased her, were no longer pleasing to her, disgusted, sickened her   8. worried, became upset   9. hurt, discouraged, rebuffed, set back   10. hardened, rendered callous   11. exhausted, played out, worn out, very tired   12. coward   13. treat harshly, be strict, rough, brusk with   14. out of place, out of her element, ill at ease, uncomfortable   15. noisy, loud, turbulent   16. rebelled, fought against, resisted   17. had become herself again, had regained her calm, her composure   18. her own, her own work   19. had not talked, said a word, opened her mouth   20. without fuss, show, display; quietly, simply

WORD ASSOCIATION

Exercise 24

1. scales   2. gills   3. claws   4. neighed   5. rolling, pitching   6. glinted, glistened, sparkled   7. asking, "needling with," assailing her, pressing her with   8. smelling, sniffling, following a scent   9. surgeon   10. suffered from   11. latch   12. cut up, torn apart, torn into pieces   13. painted, covered   14. caught, attracted   15. a bundle, a pile, a packet   16. retelling, recounting, telling at great length, repeating again and again   17. brimming, filled, overflowing   18. were twinkling, sparkling, shone brightly   19. said, said abruptly, sharply, in a commanding tone   20. let loose, cause, start, bring down   21. fall, tumble   22. snatched, snapped up   23. window panes

DEDUCTION

Exercise 25

1. puddles   2. unobtrusively, furtively   3. breathless, out of breath, panting   4. I am dead with fatigue, exhausted, worn out, spent   5. upset, unnerved,

shaken up 6. noise, bang 7. had a narrow escape 8. rutty, ruined, cut up
9. eavesdropping, listening hard 10. an opening, a breach, a break in the
hedge, a gap 11. to take hold of, grab at, clutch, cling to 12. cut down,
economize 13. pushed aside, pushed away, brushed past 14. restrain her,
keep her in tow, discipline her, keep a firm hold on her 15. reprimand,
scold, lecture 16. put a damper, threw cold water on the conversation
17. upset, rolled over, turned over 18. open, clear

EXPERIENCE

Exercise 26

1. drum against, patter against 2. splashed, spattered 3. gutters 4. sidewalks 5. sewers 6. umbrella 7. soaked, drenched to the skin 8. shaking, shivering 9. dripped 10. puddles 11. floors

Exercise 27

1. to fish 2. a hook, a fish hook 3. worm 4. bait 5. bites, snatches 6. cork, float 7. sinks, sinks down, plunges 8. silvery

Exercise 28

1. reefs, rocks 2. noise, tumult 3. breakers, waves 4. noise, sound, roar 5. deafening, thundering 6. light 7. reefs, rocks 8. spray . . . jets . . . of foaming water 9. dazzling, blinding 10. groaning, rumbling, growling

APPROXIMATE GUESSES

Exercise 29

1. boat 2. cloth, material 3. light 4. tool 5. bird 6. fish 7. tree 8. animal, game 9. drinking cup, vessel

ENUMERATIONS

Exercise 30

1. vines, plants   2. provisions   3. insects   4. furniture   5. trees

RECAPITULATION (MIXED CLUES)

Exercise 31

1. enjoyed, experienced, relished, took delight in   2. shelter, lodging, refuge
3. backed up against, with his back to   4. disheveled, untidy, tousled, un-
combed, in disorder   5. one dies of thirst, one is parched, very thirsty   6. stopping the fall, stop from slipping   7. puffed, panted, groaned, breathed labori-
ously   8. a stool   9. gambolled about, ran about, jumped, leaped, frisked
about   10. spare oneself, avoid fatigue, not overwork   11. stopped dead in
her tracks, was glued to the spot, unable to move, motionless   12. measured,
calculated, estimated, judged   13. caught, stuck, wedged   14. breathless, out
of breath, panting, winded   15. butting against, stumbling over, bumping
into   16. the door   17. some kind of house, a little house, a cottage
18. picked up, lifted up, took down the receiver   19. he hit, struck him,
landed him a blow   20. timid, easily afraid   21. trickled down, ran down,
fell in drops   22. make fun of, poke fun at, ridicule, mock   23. had "cricks,"
"pins and needles" in her legs; her legs were cramped, asleep   24. ate, grazed,
chewed on   25. his face darkened, became serious, he frowned   26. mutter,
mumble, whisper, speak to oneself very low   27. dilapidated, run down, in
need of repairs, in poor condition   28. help, give a hand   29. some kind of
wood   30. he was dying to ask, wanted very much to ask   31. very late
32. clipping, rasping out, biting off, hammering out her words   33. stubborn,
unreasonable, obstinate   34. crouching, making herself small   35. asleep,
stiff, cramped   36. limber, stretch, loosen   37. placed alongside, near, against
38. she had a busy tongue, she talked incessantly   39. pale, white, wan, pallid
40. were chattering

IMPORTANCE OF A RICH CONTEXT

Exercise 32

1. to spade   2. to plow   3. to sow   4. to weed   5. to cut the hay   6. to milk
7. to harvest   8. to prune   9. to gather the grapes   10. to press (the grapes)
11. to yoke, to harness   12. to unyoke, unharness   13. manger   14. litter
15. to shear

Supplementary Exercise 33

1. work   2. charcoal maker   3. ashes   4. place to erect the apparatus
5. through the forest   6. preparation of the apparatus   7. know-how   8. place
9. stride   10. poles, long sticks   11. sticks placed against the chimney   12. split
13. round sticks, billets   14. second row of sticks   15. third row of sticks
16. fourth row of sticks   17. bearing leaves   18. green boughs, leafy branches
19. a layer   20. ashes from a previous burning   21. shut, closed   22. brush-
wood   23. worries, troubles   24. acrid, pungent   25. wicker screens   26. split
open, rip up   27. pitch (*literally:* blackberry)

EXTENDED MEANINGS OF A WORD

Exercise 34. The word **jour**

1. days   2. daylight   3. gave birth to   4. spent the rest of his life   5. his
death, his last day   6. one of these days   7. came to light   8. from hand to
mouth   9. in a favorable light   10. openly   11. keep in order   12. there were
openings between

Exercise 35. The word **tenir**

1. holds   2. takes care of   3. I believe him, consider him   4. she was looking
down   5. I will take the place of   6. from whom did you get . . .   7. was
wedded to, clung to   8. adjoins his   9. is due to   10. takes after his father
in that respect; gets it from   11. stood   12. what I am to believe, think
13. she knew her place   14. he does not consider himself   15. stay still

Exercise 36. The word haut

1. high 2. very tall 3. aloud 4. raised an outcry 5. ruddy complexion
6. eyed her up and down 7. at the top of 8. ups and downs 9. with a high
hand 10. talked big 11. upstairs 12. from above

Chapter V. A Study of Important Key Words

A. PREPOSITIONS AND CONJUNCTIONS

Exercise 37

1. because 2. if 3. since 4. when 5. seeing that 6. provided that 7. as
soon as 8. on condition that 9. even if 10. in spite of the fact that

Exercise 38

a. 1. because 2. on account of, because of 3. that is why 4. since 5. for
   6. because, for

b. 1. in order to 2. in order to 3. so that 4. for fear of 5. so that

c. 1. whoever 2. as . . . as . . . 3. although we are 4. in spite of 5. for all
   my crying, no matter how I shout 6. unless 7. although 8. provided

d. 1. without 2. with 3. without your 4. as

e. 1. such as 2. just like 3. as 4. just as 5. the less . . . the more . . .
   6. all the more . . . because

Exercise 39

1. because 2. according to 3. whenever 4. as 5. either . . . or 6. as
7. as, just as 8. while 9. for the lack of 10. because 11. as long as 12. except 13. in spite of 14. according to 15. thanks to 16. by dint of 17. at

the cost of 18. for fear of 19. without fail 20. thanks to 21. among 22. facing, opposite 23. out of 24. in addition to, aside from 25. for, in return for 26. even if 27. supposing that 28. not that 29. not only . . . but also, even 30. inasmuch as

B. DIFFERENT MEANINGS OF THE WORD "QUE"

Exercise 40

1. than 2. how 3. that, than 4. whom 5. what 6. what 7. than 8. whatever 9. if 10. that, which 11. how . . . 12. whether . . . or whether 13. unless, until 14. (expletive, do not translate) 15. for three years (he has been) 16. when, what 17. without his 18. that, only 19. he keeps repeating continually 20. that 21. I have no use for 22. whether 23. why 24. that 25. whatever 26. whether 27. that, that 28. let us, what 29. from the fact that 30. let us not, which 31. only 32. (expletive) that 33. that, instead of, rather than

C. PRONOUNS

Exercise 41

1. le couteau 2. d'argent 3. (1 and 2) cet homme 4. le public 5. (1 and 2) les dangers 6. ce bois 7. rebâtie 8. Suzanne 9. ces blessés 10. je paierai cette dette 11. vendre la maison et payer vos dettes 12. mon parapluie 13. à dépenser beaucoup d'argent 14. les devoirs 15. (1 and 2) le château; (3) Jean 16. (1) les lettres; (2) dans les salles; (3) dans les champs 17. (1) Dieu; (2) des êtres; (3) Dieu 18. (1) la promenade; (2) les rues; (3) les maisons 19. (1) l'employé; (2) ce cabinet 20. ce qu'a été l'attitude du Japon depuis la guerre 21. (1) un coup de poing; (2) l'adversaire; (3) le ruisseau; (4) l'eau 22. (1) ces nuages; (2 and 3) un horizon; (4) des joies et plaisirs 23. (1 and 2) trois arbres; (3) quelque chose; (4) mon esprit 24. (1 and 2) ces malaises; (3) un monde occulte; (4) son amie; (5) Paul 25. (1 and 2) cette pauvre femme; (3) tu as été bien idiot; (4 and 5) cette pauvre femme 26. (1) il m'avait vu; (2) ses yeux; (3) les yeux 27. (1, 2 and 3) une demeure; (4) Lenôtre; (5) le parc; (6) un banquier; (7) une demeure 28. (1) le

jour; (2) Carqueville; (3 and 4) l'église; (5) la rivière; (6) le village; (7) la rivière 29. (1) l'univers; (2 and 3) des personnes . . . danses . . . parties de cartes

Chapter VI. Recognition of the Main Elements of the Sentence

A. RECOGNITION OF THE VERB

Exercise 42

1. aimait 2. était 3. ai recouvert 4. était 5. était arrivé 6. se précipitèrent 7. demande 8. s'éloigna 9. ait eu prononcé; applaudit 10. quitta 11. regarda 12. diras; est; envoies; prie; ai prêté 13. mit; prit 14. cherchait; vint 15. sortit; était; avait donné

B. RECOGNITION OF THE SUBJECT

Exercise 43

1. gagner de l'argent 2. (1 and 2) quelqu'un 3. (1) l'un et l'autre; (2) ils 4. (1 and 2) ceux 5. des problèmes inattendus 6. (1) c'; (2) personne 7. (1) c'; (2) qui (for "homme") 8. (1) certains; (2) cette histoire 9. (1 and 2) quiconque 10. (1) c'; (2) la fortune 11. (1) elles; (2) les choses vues de loin 12. (1) je; (2) ce pauvre petit homme 13. les candidats . . . aux épreuves écrites 14. deux grands bonshommes 15. une nouvelle 16. (1 and 2) tout 17. (1 and 2) j'; (3) un monde d'idées et de sentiments 18. (1) ils; (2) le novateur 19. (1) Marie; (2) ce que Marie avait révélé 20. (1) aller et venir à son gré, travailler dans son jardin, boire un verre avec son voisin; (2) il 21. (1) estime; (2) ce qui est utile à la société; (3) qui (ce qui) 22. (1) ses étourderies . . . sa gaîté et sa bonne humeur . . . son aversion pour les gens ennuyeux 23. (1) il; (2) les plus honnêtes gens du monde 24. le vent . . . la mer . . . le soleil . . . le murmure . . . 25. (1) son corsage;

(2) sa face . . . ses petites mains . . . sa personne . . . son corsage; (3) **qui**
(for "cette salle")

C. *RECOGNITION OF THE DIRECT OBJECT OR PREDICATE*

Exercise 44

1. maréchal de France 2. fidèle à son maître 3. aller chercher les enfants
4. un mauvais sujet 5. ce que vous voudriez qu'on vous fît 6. où on allait
7. terminer ce livre avant de mourir *or* mon ambition 8. que vous soyez
à Paris pour si peu de temps 9. que son ennemi mortel était en son pouvoir
10. qu'ils ne savaient pas grand'chose 11. que sa petite maison fût pleine de
vrais amis 12. que rien ne l'empêcherait de partir en même temps qu'elle
13. le comte de Provence 14. le déjeuner . . . et une bouteille de vin 15. le
ciel . . . l'air . . . l'horizon . . . le spectacle 16. mille applications . . .
mille emplois . . . 17. qui est cet homme 18. toute son adresse, sa force, son
exactitude, son habileté 19. que les vocations . . . la mienne peu à peu
20. que les vieilles gens n'ont pas le droit de perdre leur temps 21. des
graines noires . . . 22. ce local . . . cette voûte . . . ces vieux murs . . .
cette vieille table . . . cette fenêtre . . . ce grabat . . . 23. que les remontrances de Rachel avaient été la cause du départ de Bernard

D. *RECAPITULATION*

Exercise 45

1—la vie 2. (a) au bonheur; (b) du bonheur

2—1. (a) les mensonges; (b) les apparences d'un silence 2. les mensonges
3. Mon imagination colora bientôt les mensonges que j'étais obligée de
faire des apparences d'un silence qu'il convenait de garder sur une nécessité inéluctable.

3—1. trois balles 2. (a) un drapeau; (b) la serviette 3. Trois balles firent un
drapeau de la serviette en la perçant un moment après.

4—1. (a) quelqu'un; (b) des choses 2. (a) des choses; (b) des choses

5—1. cette personne de grâce et d'élégance 2. (a) mille fois plus de fautes; (b) une semblable destinée 3. de fautes 4. la reine

6—1. (a) le poète; (b) ce que le poète . . . réflexions fines 2. (a) un œil qui voit si bien; (b) qu'il n'ait pas eu . . . de la pensée 3. (a) le poète; (b) le poète

7—1. (a) la vie de nos grands poètes; (b) quelques lettres; (c) on 2. (a) dans les lettres; (b) des poètes; (c) des poètes *or* de la vie des poètes; (d) les poètes

8—1. (a) la génération nouvelle; (b) l'homme *or* Taine 2. (a) génération nouvelle; (b) en Taine; (c) de la terre promise 3. (a) l'initiateur, l'homme; (b) les rajeunissantes, les mystérieuses délices

9—1. (a) puissances d'imagination et de sentiment; (b) puissances d'imagination et de sentiment 2. (a) à ma mère; (b) puissances d'imagination et de sentiment; (c) mon cœur; (d) cet avenir

10—1. (a) l'enfant prodigue; (b) sa mère 2. (a) le dénûment; (b) l'économe frère aîné; (c) cette part de ces biens; (d) cette part de ses biens; (e) cette ivresse 3. (a) chambre; (b) jardin; (c) frère aîné; (d) cette part de ces biens; (e) l'enfant prodigue

Chapter VII. Understanding Sentence Structure

A. STRUCTURE OF THE SIMPLE SENTENCE

Exercise 46

Main elements	Modifiers
1. Pierre	désireux de conserver ses forces pour la lutte du lendemain
mangeait	résolument
	sans écouter la conversation de ses compagnons
sa soupe	au fromage

2. Un fort coup de vent.........venant de l'Est et annonçant la neige
   vint secouer.................vers le milieu de la nuit
   les murs de la cabane

3. Quelque chose ....de noir et de gigantesque
                   ....à peine perceptible dans les ténèbres
   s'abattit ....tout à coup
                   ....à quelques pas devant lui
                   ....lourdement sur le sol
                   ....avec un bruit sourd

4. Un monsieur................distingué, à l'air doux
              ....en face de lui
              ....le nez dans son journal
   réprimait .... avec peine
              ....à la vue de ce voyageur bizarre
   un sourire..................ironique

5. De jeunes pousses............rougies par les gelées de l'hiver
              ....d'un vert très tendre
   annonçaient ....déjà
              ....dans les forêts
   l'arrivée du printemps

6. L'accusé...................ne comprenant rien aux questions
   a maintenu ....avec opiniâtreté
              ....pendant l'interrogatoire
   son innocence

B. STRUCTURE OF THE COMPLEX SENTENCE

Exercise 47

Main elements   *Modifiers*

1. *Four main clauses coordinated*
     Il
     examina ....d'un air joyeux
     le couvert................où brillait l'argenterie
     [il]
     avala ....sans cesser de parler

son potage

[il]

fit . . . . en riant

. . . . à Suzon qui en devint rouge de **plaisir**

des compliments

[il]

poussa . . . . à l'apparition du poulet rôti

de véritables cris de joie

2. *One main clause*

elle

se demanda. . . . . avec inquiétude

. . . . lorsqu'elle eut fini

ce . . . . que serait le lendemain quand la faim se

ferait de nouveau sentir

3. *One main clause*

Perrine . . . . .qui ne quittait pas des yeux son grand-père

n'avait pas jeté. . . . . .encore

. . . . .sur la voiture qu'on venait d'amener devant

les yeux   la porte

4. *One main clause*

ce . . . . que j'avais dit

rendait

les efforts. . . . . .inutiles

. . . . .qu'elle avait faits jusqu'alors pour **me**

cacher ses origines de femme du **peuple**

5. *One main clause*

On

entendit . . . . .dans l'obscurité

. . . . .quand la lumière fut éteinte

. . . . .et que le chaumière fut noire

une voix douce. . . . . .de petite fille qui disait sa prière en Breton

Chapter VIII. Finding Rapidly the Main Elements of a Sentence

A. THE SIMPLE SENTENCE

Exercise 48

(Words placed between parentheses are not absolutely necessary, but are included here to complete the idea; in some cases, another complement would be equally acceptable.)

1. Zulpick . . . m'observait (préoccupé).
2. Frère Marmon . . . se leva (à l'arrivée de son supérieur).
3. Barnabé . . . cheminait (le long de la grand'route).
4. La redoute . . . apparut (comme le cône d'un volcan).
5. Une petite fille . . . s'était endormie.
6. Elle eut . . . le cœur serré.
7. Je résolus de les poursuivre.
8. Un (énorme) gaillard . . . leva . . . son poing.
9. Bavouzet . . . cachait . . . une volonté (forte et tenace).
10. Louise . . . entra . . . (dans le salon).
11. La France révolutionnaire . . . venait de se réveiller.
12. La neige . . . avait déposé . . . un vêtement (éclatant).
13. Il . . . restait . . . seul (à l'affût).
14. Il se précipita (sur les trottoirs).
15. Glover . . . se tenait debout (contre la cheminée).
16. Cette ville . . . cache . . . une population (au goût délicat).
17. Un cercueil . . . passait (sur un char).
18. Joseph . . . veillait (avec l'ombre de son maître).
19. Il s'astreignait (à faire son tour de ville).

B. THE COMPLEX SENTENCE

Exercise 49

1. Anaïs . . . s'avança (dans la salle)
2. La fille (de mes maîtres) reposait . . .
3. Il alla . . . chercher . . . le collier
4. Le poète (coloriste) . . . a . . . tout regardé
5. Ses doigts . . . saisissaient . . . les pommes de terre   *et*
   elle . . . enlevait . . . de longues bandes de peau
6. Je m'arrêtai (pour reprendre haleine)
7. La façade . . . était percée . . . de cinq fenêtres
8. Les vrais brigands . . . tremblaient
9. Mon attention . . . fut détournée
10. Elle sortit . . . (de dessous la table)   *et*
    elle se glissa . . . (vers la poupée)
11. Le (bon) curé . . . s'approcha de moi
12. Perrine . . . apparut
13. J'avais découvert (qu'elle était ignorante . . . et qu'elle éprouvait du dépit)
14. Mon premier soin . . . fut de fouiller . . . (dans les tiroirs)
15. Cornélia . . . ouvrit la fenêtre . . .   *et*
    elle . . . cria . . . (Adieu Florence)

Chapter IX. Grasping the Interplay between Various Elements

¶1. cruche ¶2. le roi ¶3. le caniche, le chien ¶4. le seau ¶5. les lapins ¶6. pain ¶7. l'omelette ¶8. taureau ¶9. un héros ¶10. la noix, l'amande ¶11. bougie ¶12. l'âne ¶13. Prosper ¶14. Marie ¶15. chou ¶16. paysans ¶17. la pluie ¶18. pari ¶19. âne ¶20. voleurs ¶21. chiens ¶22. ses pommes, sa marchandise ¶23. oiseaux ¶24. la pierre ¶25. poire, fruit ¶26. le ruisseau, l'eau du ruisseau ¶27. le dragon ¶28. pèlerins ¶29. parapet ¶30. chien ¶31. du Sultan, son ennemi, Saladin ¶32. le trésor ¶33. l'artiste ¶34. le marchand, l'étranger ¶35. la nature ¶36. un deuil

Chapter X. Finding the Central Idea of a Selection

Exercise 51

Selection 1–c   Sel. 2–a   Sel. 3–d   Sel. 4–c   Sel. 5–a   Sel. 6–b   Sel. 7–d
Sel. 8–c   Sel. 9–c   Sel. 10–a   Sel. 11–b   Sel. 12–c   Sel. 13–d   Sel. 14–b
Sel. 15–c

Chapter XI. Reading for Precise Understanding

La Prise de Luna

A. 2

B. **tourna:** went around Spain; **avaries:** damages; **gémissements:** wailing, moaning; **abattu:** dejected, sad; **enseveli:** buried; **sanglots:** sobs, loud crying, wailing; **chœur:** chancel

C. 1. true 2. false 3. true 4. true 5. false 6. true 7. true 8. false
9. false 10. true 11. false 12. true

1. Formule d'Excommunication

A. 3

B. **mise hors la loi:** to be declared an outlaw; **les apôtres:** apostles; **attendu que:** whereas, since; **s'est soustrait à:** fled from; **le giron:** the pale of the church; **maudit:** cursed; **dans la veille:** while awake; **la charpente:** frame; **la plante des pieds:** the sole of his feet.

C. 1. To be beyond salvation, redemption.
   2. Directly from the apostles, who held it from God Himself.
   3. Making false accusations, bearing false witness.

4. He will be deprived of the Sacraments.
5. They must not talk, eat, drink, do any business with him.
6. God the Father, the Son and the Holy Ghost.
7. Everywhere and at all times.
8. He will be covered with sores from head to foot.
9. He will go to Hell.
10. "A moins qu'il ne se repente et ne vienne donner satisfaction."

2. Sur Quelques Coutumes du Mariage dans l'Ancienne Rome

A. 2

B. prise d'auspices: consulting the omens; peignés: combed; aiguisé: sharpened; parure: attire; festin: banquet; enduit: coats, puts on; montant: door post; graisse: grease, fat; excommunier: excommunicate; jumeaux: twins

C. 1. A sacred ceremony.
2. Consulting the omens, a prayer, a sacrifice, eating of a sacred cake.
3. It had to be white and of a special weave.
4. Because the number six had mystical properties.
5. As a sign of consecration to Juno.
6. Because flowers were sacred (had mystical properties).
7. Juno.
8. An ox or a pig.
9. At the home of the bride's father.
10. Because the door was considered sacred.
11. She was carried by her husband.
12. Water and fire.
13. They were alike and covered with sheepskins.
14. A sacred cake.
15. The pastoral and agricultural.

3. Les Curie et l'Esprit Scientifique

A. 2

B. influera sur: will influence; minerai: ore; usines: factories; expose: explains; facteur: postman; breveter: to patent; à la légère: without due reflection; posément: soberly; soulagé: relieved.

C. 1. true 2. true 3. false 4. true 5. true 6. true 7. true 8. false 9. true 10. false 11. false 12. false

4. La Tragédie Grecque

A. 4

B. **gradins:** steps used as seats; **bas-relief:** low relief; **semelles:** soles; **cothurnes:** buskins; **dénouement:** ending; **péripéties:** sudden changes, ups and downs; **autel:** altar; **rade:** bay, harbor.

C. 1. Near the end of the fifth century A.D.
2. Thespis, Aeschylus, Sophocles, Euripides.
3. On steps, on the side of a mountain.
4. The dances and the chorus.
5. To look taller.
6. a) They enabled the same actor to play several parts.
   b) They could be seen at a distance.
   c) The gods had to appear in disguise.
7. Four.
8. A jury judged the plays presented.
9. Bacchus.
10. The chorus.
11. Drama, ballet, opera.

5. Un Saint Roi, Louis IX

A. 3

B. **s'en fût bien dispensé:** could easily not have done it; **sobre:** moderate, abstemious; **mets:** dishes; **maints:** many; **médire:** speak ill of; **les parties:** the litigants; **voie:** path, way; **huissier:** usher; **procès:** lawsuit; **amender:** correct.

C. 1. true 2. false 3. false 4. true 5. true 6. false 7. false 8. false 9. false
10. true 11. true 12. true

6. Premières Vaccinations Anti-Rabiques

A. 2

B. **anti-rabiques:** against rabies; **chien enragé:** mad dog; **sous-sol:** basement; **poules:** chicken, hens; **lapins:** rabbits; **cochons d'Inde:** guinea pigs; **souris:** mice; **berger:** shepherd; **morsures:** bites; **rage:** rabies.

C. 1. Joseph Meister (a boy).
2. Two days.

3. Pasteur had not yet tried his vaccine on a human being.
4. Scientists (savants).
5. Because he was worried, anxious.
6. A shepherd (another boy).
7. Because the vaccine had proved successful.
8. A report on the method used and the results obtained by his vaccine.
9. He had to prepare the vaccine and give the inoculations.
10. She came too late (34 days after being bitten).
11. He stayed at her bedside, wept when she died.
12. Because out of 350 persons treated, only one had died.

7. Découverte du Canada

A. 1
B. vaisseau: vessel; longea: coasted along; innombrables: countless; salés: salted; cygne: swan; détroit: straight; maïs: maize, corn; pois: peas; crâne: head, skull; indigènes: natives; écusson: coat of arms; écriteau: sign.
C. 1. Saint-Malo.
   2. To discover a northern passage to China.
   3. He was strong and upright (courageous, kind, persistent, intelligent).
   4. Twenty days.
   5. Birds (penguins).
   6. It gave them fresh meat (a change of diet).
   7. From Cartier's diary.
   8. Labrador.
   9. Trees, fruits, grain (maize, corn), vegetables (peas), flowers.
   10. The Indians.
   11. Fresh meat for hats and knives.
   12. Pelts (furs).
   13. They erected a cross bearing the name of their king.
   14. It was thirty feet high, bore a coat of arms with three "fleurs de lys," and a sign inscribed: "Long live the king of France."

8. Le Collège de France

A. 4
B. disséminés: scattered; pelouses: lawns; en voie de formation: in the process

of being developed; **astreint:** required; **tâtonnements:** gropings; **gratuits:** free; **abreuvoir:** water trough; **cocher de fiacre:** hack coachman; **chinois:** Chinese language; **crue:** harsh; **appareils:** apparatus; **pierre philosophale:** philosopher's stone; **étincelle électrique:** electric spark; **s'était évanoui:** had vanished

C. 1. true 2. true 3. false 4. true 5. true 6. false 7. false 8. true 9. false 10. true 11. false 12. true

9. La Première Croisade

A. 3

B. **croisade:** crusade; **horde farouche:** wild horde; **pèlerins:** pilgrims; **abreuvés d'outrages:** outrageously treated; **drap:** cloth; **trêve de Dieu:** truce of God; **égorgeant:** slitting the throat; **pillant:** pillaging; **ossements:** bones, skeletons.

C. 1. With tolerance.
    2. They were badly treated.
    3. Pierre l'Ermite.
    4. Gave the crusaders some privileges (placed their possessions under its protection).
    5. Because they did not speak French (could not be understood).
    6. The poor people; without any preparations, food or arms.
    7. They mistook any town they saw for Jerusalem.
    8. Gautier-Sans-Avoir; Pierre l'Ermite; Gotteschalck.
    9. Gautier the Landless (Gautier Lackland).
    10. They robbed and killed.
    11. Many were killed in Hungary.
    12. One must cross the sea (the Dardanelles).
    13. The skeletons were left in such quantity they could be used to build fortifications.

10. L'Expérience de Foucault

A. 3

B. **dispositif:** apparatus; **plomb:** lead; **traverse d'une potence:** cross arm; **autrement dit:** in other words; **repère:** point (frame) of reference; **par rapport à:** in relation to; **la cave:** cellar, basement; **eut un profond retentissement:** created a great stir; **munie:** provided with; **entamer:** cut into; **sillon:** furrow, groove.

C. 1. The plane of oscillations remains fixed.
  2. It can rotate (horizontally).
  3. The plane of oscillations remains unchanged.
  4. It will not be affected.
  5. Foucault.
  6. In the cellar (basement) of his house.
  7. At the Pantheon.
  8. 28 kilograms.
  9. In order to have a wider arc of oscillation.
  10. A pile of sand.
  11. Because the earth rotates.
  12. The rotation of the earth and its direction.

11. Une Abbaye de Femmes au VIᵉ Siècle

A. 1
B. **entremise:** intervention; **cloître:** cloister; **filer:** to spin; **coudre:** to sew; **broder:** to embroider; **délassements:** recreation; **piscines:** swimming pools; **jeu de dés:** game of dice; **dressée:** set; **collations:** light meals, refreshments; **festins:** feasts, banquets; **comblé:** showered with; **louanges:** praises; **prit les ordres:** was ordained; **agent de confiance:** business agent.
C. 1. false 2. false 3. false 4. true 5. false 6. false 7. true 8. false
  9. true 10. true 11. true 12. true

12. On Découvre que l'Air Est Pesant

A. 4
B. **formellement:** explicitly; **intitulé:** entitled; **une outre:** leather bottle; **par excellence:** preeminently; **pompe aspirante:** suction pump; **tuyau:** pipe; **niveau:** level; **rendre compte de:** explain; **le vide:** vacuum; **prétendue:** supposed, so called; **pesanteur:** weight, pressure; **cuvette:** basin; **pouces:** inches.
C. 1. The ancient philosophers.
  2. a) it is heavy; b) it is light; 3) they are at times heavy or light.
  3. Almost 2000 years.
  4. He wanted the water to rise 40 feet.
  5. 32 feet.

6. To Galileo.
7. That nature abhors a vacuum.
8. The same (explanation).
9. He died too soon (soon afterwards).
10. Master and student.
11. Mercury.
12. He filled the tube completely and took off his finger only when it was submerged.
13. Because mercury is 13½ times heavier than water.
14. Atmospheric pressure (the weight of the atmosphere).

13. Plaisirs d'un Parisien

A. 1
B. **flâneries:** strolls; **bouquins:** (old) books; **guirlande:** garland, circle; **éclos:** published; **déferle:** ends up there; **bousculant:** pushing aside; **clament:** proclaim; **mauve:** light purple; **à court d'argent:** short of money; **trouver grâce devant:** find favor with; **cachot:** dark little hole, dark hiding place; **s'alignent:** are lined up; **en cohue:** in disorder; **bigarrée:** motley; **estampes:** prints.
C. 1. true 2. true 3. false 4. true 5. false 6. false 7. true 8. false 9. true 10. true

14. Le Rire

A. 1
B. **paroisse:** parish; **franc:** open hearted, spontaneous; **arrière-pensée:** hidden thought; **d'entente:** understanding, complicity; **le moins du monde:** in the least; **aborderons:** will attack, approach.
C. 1. In trains, restaurants or hotels (while traveling).
   2. Because he did not belong to that parish.
   3. When there are many people.
   4. Because most of the humor derives from the manners and ways of thinking particular to them.
   5. That it resides in intellectual contrast or patent absurdity.
   6. From its social function, as a social phenomenon.
   7. It is always the laughter of a group.

15. La Chasse chez les Peuples Primitifs

A. 3

B. **pêche:** fishing; **gibier:** game; **donner l'éveil:** to alarm; **pièges:** traps; **requises:** required; **faute de:** in the absence of; **hameçons:** fish hooks; **arc:** bow; **rateront:** will misfire, fail; **bon gré mal gré:** willingly or not; **jeûnes:** fasts; **en vue de:** in order to; **en faisant mine de:** pretending to; **une flèche:** an arrow; **émoussée:** blunt; **talons:** heels; **écorcher:** to skin; **dépecer:** cut in pieces.

C. 1. true 2. true 3. false 4. true 5. false 6. true 7. false 8. true 9. false 10. false 11. false